中国式现代化研究丛书
张东刚 刘 伟 总主编

GZC 高校主题出版
2022 GAOXIAO ZHUTI CHUBAN

中国式现代化

刘守英 范 欣 刘瑞明◎著

中国人民大学出版社
· 北京 ·

中国式现代化：
强国建设、民族复兴的必由之路

历史总是在时代浪潮的涌动中不断前行。只有与历史同步伐、与时代共命运，敢于承担历史责任、勇于承担历史使命，才能赢得光明的未来。2022年10月，习近平总书记在党的二十大报告中庄严宣示："从现在起，中国共产党的中心任务就是团结带领全国各族人民全面建成社会主义现代化强国、实现第二个百年奋斗目标，以中国式现代化全面推进中华民族伟大复兴。"2023年2月，习近平总书记在学习贯彻党的二十大精神研讨班开班式上发表重要讲话进一步强调："概括提出并深入阐述中国式现代化理论，是党的二十大的一个重大理论创新，是科学社会主义的最新重大成果。中国式现代化是我们党领导全国各族人民在长期探索和实践中历经千辛万苦、付出巨大代价取得的重大成果，我们必须倍加珍惜、始终坚持、不断拓展和深化。"习近平总书记围绕以中国式现代化推进中华民族伟大复兴发表的一系列重要讲话，深刻阐述了中国式现代化的一系列重大理论和实践问题，是对中国式现代化理论的极大丰富和发展，具有很强的政治性、理论性、针对性、指导性，对于我们正确理解中国式现代化，全面学习、全面把握、全面落实党的二十大精神，具有十分重要的意义。

现代化是人类社会发展到一定历史阶段的必然产物，是社会基本矛盾运动的必然结果，是人类文明发展进步的显著标志，也是世界各国人民的共同追求。实现现代化是鸦片战争以来中国人民孜孜以求的目标，也是中国社会发展的客观要求。从1840年到1921年的80余年间，无数仁人志士曾为此进行过艰苦卓绝的探索，甚至付出了血的代价，但均未成功。直到中国共产党成立后，中国的现代化才有了先进的领导力量，才找到了正确的前进方向。百余年来，中国共产党团结带领人民进行的一切奋斗都是围绕着实现中华民族伟大复兴这一主题展开的，中国式现代化是党团结带领全国人民实现中华民族伟大复兴的实践形态和基本路径。中国共产党百年奋斗的历史，与实现中华民族伟大复兴的奋斗史是内在统一的，内蕴着中国式现代化的历史逻辑、理论逻辑和实践逻辑。

一个时代有一个时代的主题，一代人有一代人的使命。马克思深刻指出："人们自己创造自己的历史，但是他们并不是随心所欲地创造，并不是在他们自己选定的条件下创造，而是在直接碰到的、既定的、从过去承继下来的条件下创造。"中国式现代化是中国共产党团结带领中国人民一代接着一代长期接续奋斗的结果。在新民主主义革命时期，党团结带领人民浴血奋战、百折不挠，经过北伐战争、土地革命战争、抗日战争、解放战争，推翻帝国主义、封建主义、官僚资本主义三座大山，建立了人民当家作主的新型政治制度，实现了民族独立、人民解放，提出了推进中国式现代化的一系列创造性设想，为实现现代化创造了根本社会条件。在社会主义革命和建设时期，党团结带领人民自力更生、发愤图强，进行社会主义革命，推进社会主义建设，确立社会主义基本制度，完成了中华民族有史以来最广泛而深刻的社会变革，提出并积极推进"四个现代化"的战略目标，建立起独立的比较完整的工业体系和国民经济体系，在实现什么样的现代化、怎样实现现代化的重大问题上作出了宝贵探索，积累了宝贵经验，为现代化建设奠定了根本政治前提和宝贵经验、理论准备、物质基础。在改革开放和社会主义建设新时期，党团结带领人民解放思想、锐意进取，实现了新中国成立以来党的历史上具有深远意义的伟大转折，确立党在社会主义初级阶段的基本路线，坚定不移推进改革开放，开创、坚持、捍卫、发展中国特色社会主义，在深刻总结我国社会主义现代化建设正反两方面经验基础上提出了“中国式现代化”的命题，提出了“建设富强、民主、文明的社会主义现代化国家”的目标，制定了到 21 世纪中叶分三步走、基本实现社会主义现代化的发展战略，让中国大踏步赶上时代，为中国式现代化提供了充满新的活力的体制保证和快速发展的物质条件。进入中国特色社会主义新时代，以习近平同志为核心的党中央团结带领人民自信自强、守正创新，成功推进和拓展了中国式现代化。我们党在认识上不断深化，创立了习近平新时代中国特色社会主义思想，实现了马克思主义中国化时代化新的飞跃，为中国式现代化提供了根本遵循。明确指出中国式现代化是人口规模巨大的现代化、是全体人民共同富裕的现代化、是物质文明和精神文明相协调的现代化、是人与自然和谐共生的现代化、是走和平发展道路的现代化，揭示了中国式现代化的中国特色和科学内涵。在实践基础上形成的中国式现代化，其本质要求是，坚持中国共产党领导，坚持中国特色社会主义，实现高质量发展，发展全过程人民民主，丰富人民精神世界，实现全体人民共同富裕，促进人与自然和谐共生，推动构建人类命运共同体，创造人类文明新形态。习近平总书记强调，在前进道路上，坚持和加强党的全面领导，坚持中国特色社会主义道路，坚持以人民为中心的发展思想，坚持深化改革开放，坚持发扬斗争精神，是全面建设社会主义现代化国家必须牢牢把握的重大原则。中国式现代化理论体系的初步构建，使中国式现代化理论与实践更加清晰、更加科学、更加可感可行。我们党在战略上不断完善，深入实施科教兴国战略、人才强国战略、乡村振兴战略等一系列重大战略，为中国式现代化提供坚实战略支撑。我们党在实践上不断丰富，推进一系列变革性实践、实现一系列突破性进展、取得一系列标志性成果，推动党和国家事业取得历史性成就、发生历史性变革，特别是消除了绝对贫困问题，全面建成小康社会，为中国式现代化提供了更为完善的制度保证、更为坚实的物质基础、更为主动的精神力量。

思想是行动的先导，理论是实践的指南。毛泽东同志深刻指出："自从中国人学会了马克思列宁主义以后，中国人在精神上就由被动转入主动。"中国共产党是为中国人民谋幸福、为中华民族谋复兴的使命型政党，也是由科学社会主义理论武装起来的学习型政党。中国共产党的百年奋斗史，也是马克思主义中国化时代化的历史。正如习近平总书记所指出的："中国共产党为什么能，中国特色社会主义为什么好，归根到底是马克思主义行，是中国化时代化的马克思主义行。"一百多年来，党团结带领人民在中国式现代化道路上推进中华民族伟大复兴，始终以马克思主义为指导，不断实现马克思主义基本原理同中国具体实际和中华优秀传统文化相结合，不断将马克思关于现代社会转型的伟大构想在中国具体化，不断彰显马克思主义现代性思想的时代精神和中华民族的文化性格。可以说，中国式现代化是科学社会主义先进本质与中华优秀传统文化的辩证统一，是根植于中国大地、反映中国人民意愿、适应中国和时代发展进步要求的现代化。中国式现代化理论是中国共产党团结带领人民在百年奋斗历程中的思想理论结晶，揭示了对时代发展规律的真理性认识，涵盖全面建设社会主义现代化强国的指导思想、目标任务、重大原则、领导力量、依靠力量、制度保障、发展道路、发展动力、发展战略、发展步骤、发展方式、发展路径、发展环境、发展机遇以及方法论原则等十分丰富的内容，其中习近平总书记关于中国式现代化的重要论述全面系统地回答了中国式现代化的指导思想、目标任务、基本特征、本质要求、重大原则、发展方向等一系列重大问题，是新时代推进中国式现代化的理论指导和行动指南。

大道之行，壮阔无垠。一百多年来，党团结带领人民百折不挠，砥砺前行，以中国式现代化全面推进中华民族伟大复兴，用几十年时间走过了西方发达国家几百年走过的现代化历程，在经济实力、国防实力、综合国力和国际竞争力等方面均取得巨大成就，国内生产总值稳居世界第二，中华民族伟大复兴展现出灿烂的前景。习近平总书记在庆祝中国共产党成立100周年大会上的讲话中指出："我们坚持和发展中国特色社会主义，推动物质文明、政治文明、精神文明、社会文明、生态文明协调发展，创造了中国式现代化新道路，创造了人类文明新形态。"我们党科学擘画了中国式现代化的蓝图，指明了中国式现代化的性质和方向。党团结带领人民开创和拓展中国式现代化的百年奋斗史，就是全面推进中华民族伟大复兴的历史，也是创造人类文明新形态的历史。伴随着中国人民迎来从站起来、富起来再到强起来的伟大飞跃，我们党推动社会主义物质文明、政治文明、精神文明、社会文明、生态文明协调发展，努力实现中华文明的现代重塑，为实现全体人民共同富裕奠定了坚实的物质基础。中国式现代化是马克思主义中国化时代化的实践场域，深深植根于不断实现创造性转化和创新性发展的中华优秀传统文化，蕴含着独特的世界观、价值观、历史观、文明观、民主观、生态观等，在文明交流互鉴中不断实现综合创新，代表着人类文明进步的发展方向。

从国家蒙辱到国家富强、从人民蒙难到人民安康、从文明蒙尘到文明复兴，体现了近代以来中华民族历经苦难、走向复兴的历史进程，反映了中国社会和人类社会、中华文明和人类文明发展的内在关联和实践逻辑。中国共产党在不同历史时期推进中国式现代化的实践史，激活了中华文明的内生动力，重塑了中华文明的历史主体性，以面向现代化、面向世界、面向未来的思路建设民族的、科学的、大众的社会主义文化，以开阔的世界眼光促进先进文化向文明的实践转化，勾勒了中国共产党百余年来持续塑造人类文明新形态的历史画卷。人类文明新形态是党团结带领人民独立自主地持续探索具有自身特色的革命、建设和改革发展道路的必然结果，是马克思主义现代性思想和世界历史理论同中国具体实际和中华优秀传统文化相结合的产物，是中国共产党百余年来持续推动中国现代化建设实践的结晶。习近平总书记指出："一个国家走向现代化，既要遵循现代化一般规律，更要符合本国实际，具有本国特色。中国式现代化既有各国现代化的共同特征，更有基于自己国情的鲜明特色。"世界上没有放之四海而皆准的现代化标准，我们党领导人民用几十年时间走完了西方发达国家几百年走过的工业化进程，在实践创造中进行文化创造，在世界文明之林中展现了彰显中华文化底蕴的一种文明新形态。这种文明新形态既不同于崇尚资本至上、见物不见人的资本主义文明形态，也不同于苏联东欧传统社会主义的文明模式，是中国共产党对人类文明发展作出的原创性贡献，体现了现代化的中国特色和世界历史发展的统一。

中国式现代化是一项开创性的系统工程，展现了顶层设计与实践探索、战略与策略、守正与创新、效率与公平、活力与秩序、自立自强与对外开放等一系列重大关系。深刻把握这一系列重大关系，要站在真理和道义的制高点上，回答"中华文明向何处去、人类文明向何处去"的重大问题，回答中国之问、世界之问、人民之问、时代之问，不断深化正确理解和大力推进中国式现代化的学理阐释，建构中国自主的知识体系，不断塑造发展新动能新优势，在理论与实践的良性互动中不断推进人类文明新形态和中国式现代化的实践创造。

胸怀千秋伟业，百年只是序章。习近平总书记强调："一个国家、一个民族要振兴，就必须在历史前进的逻辑中前进、在时代发展的潮流中发展。"道路决定命运，旗帜决定方向。今天，我们比历史上任何时期都更接近中华民族伟大复兴的目标，比历史上任何时期都更有信心、有能力实现这个宏伟目标。然而，我们必须清醒地看到，推进中国式现代化，是一项前无古人的开创性事业，必然会遇到各种可以预料和难以预料的风险挑战、艰难险阻甚至惊涛骇浪。因而，坚持运用中国化时代化马克思主义的思想方法和工作方法，坚持目标导向和问题导向相结合，理顺社会主义现代化发展的历史逻辑、理论逻辑、实践逻辑之间的内在关系，全方位、多角度解读中国式现代化从哪来、怎么走、何处去的问题，具有深远的理论价值和重大的现实意义。

作为中国共产党亲手创办的第一所新型正规大学，始终与党同呼吸、共命运，服务党和国家重大战略需要和决策是中国人民大学义不容辞的责任与义务。基于在人文社会科学领域"独树一帜"的学科优势，我们凝聚了一批高水平哲学社会科学研究团队，以习近平新时代中国特色社会主义思想为指导，以中国式现代化的理论与实践为研究对象，组织策划了这套"中国式现代化研究丛书"。"丛书"旨在通过客观深入的解剖，为构建完善中国式现代化体系添砖加瓦，推动更高起点、更高水平、更高层次的改革开放和现代化体系建设，服务于释放更大规模、更加持久、更为广泛的制度红利，激活经济、社会、政治等各个方面良性发展的内生动力，在高质量发展的基础上，促进全面建成社会主义现代化强国和中华民族伟大复兴目标的实现。“丛书”既从宏观上展现了中国式现代化的历史逻辑、理论逻辑和实践逻辑，也从微观上解析了中国社会发展各领域的现代化问题；既深入研究关系中国式现代化和民族复兴的重大问题，又积极探索关系人类前途命运的重大问题；既继承弘扬改革开放和现代化进程中的基本经验，又准确判断中国式现代化的未来发展趋势；既对具有中国特色的国家治理体系和治理能力现代化进行深入总结，又对中国式现代化的未来方向和实现路径提出可行建议。

展望前路，我们要牢牢把握新时代新征程的使命任务，坚持和加强党的全面领导，坚持中国特色社会主义道路，坚持以人民为中心的发展思想，坚持深化改革开放，坚持发扬斗争精神，自信自强、守正创新，踔厉奋发、勇毅前行，在走出一条建设中国特色、世界一流大学的新路上，秉持回答中国之问、彰显中国之理的学术使命，培养堪当民族复兴重任的时代新人，以伟大的历史主动精神为全面建成社会主义现代化强国、实现中华民族伟大复兴作出新的更大贡献！

目　录

第一章

中国式现代化
与建设社会主义现代化强国

在全党全国各族人民迈上全面建设社会主义现代化国家新征程、向第二个百年奋斗目标进军的关键时刻，中国共产党第二十次全国代表大会明确提出“从现在起，中国共产党的中心任务就是团结带领全国各族人民全面建成社会主义现代化强国、实现第二个百年奋斗目标，以中国式现代化全面推进中华民族伟大复兴”，做出“从二〇二〇年到二〇三五年基本实现社会主义现代化；从二〇三五年到本世纪中叶把我国建成富强民主文明和谐美丽的社会主义现代化强国”分两步走的总战略安排。中国式现代化既有世界现代化的共同特征，更具有基于国情的中国特色。高质量发展是全面建设社会主义现代化国家的首要任务。中国式现代化必须实现中华优秀传统文化的创造性转化与创新性发展，建设文化强国。中国式现代化必须解决我国发展不平衡不充分的问题，建设农业强国。

第一节

中国式现代化的共同特征与中国特色

中国式现代化，是中国共产党领导的社会主义现代化，既有各国现代化的共同特征，更有基于自己国情的中国特色。

一、现代化的共同特征

从世界各国的现代化来看，其具有以下几个共同特征：

（一）发展变革性

现代化是以科学和技术为推动力，促进结构变革和发展转型的过程。由技术进步不断推动的产业革命为现代化奠定经济基础。若干次产业革命推动经济结构、技术结构和产业结构不断升级，实现经济复杂化和高度化，促进经济发展水平不断提高，体现了现代化的发展性。在近代世界到来之前，人类文明的基本形态是农业文明，农业社会的物质、精神、制度等特征支撑了农业文明的存续和演化。棉纺织业的供需矛盾促进了以动力为核心的技术变革即第一次工业革命，推动了纺织行业的机械化。蒸汽机的发明和大规模使用不仅使蒸汽取代人力成为生产的主要动力，也推动了工厂制度的诞生，由此大大提高了劳动生产率，使英国进入工业化社会。随着英国的专家、工业技术和资本潮水般涌入西欧和美国，这些国家也被携入现代化的浪潮。在第二次工业革命中，技术进步将世界从“蒸汽时代”带入“电气时代”，发电机的发明实现了电能和机械能的互换，推动了电气产品在生产生活中的广泛应用，内燃机的发明解决了交通工具的发动机问题，内燃机驱动汽车的出现带来了汽车工业的勃兴，内燃机车、远洋轮船、飞机等迅速发展，内燃机相关产品的广泛应用推动石油开采业和石油化工工业的产生与发展，电话和无线电报相继出现，世界在技术的牵引下联结更为紧密。

（二）制度创新性

现代化是制度创新和制度变革的过程。现代化源于矛盾冲突引发的制度变革。中世纪西欧庄园制度将农奴束缚于土地，对人身自由施加限制，阻碍了劳动力从农业向非农业部门的转移。黑死病造成的人地关系变化带来土地制度变革，促进了农奴制度的瓦解，农村市场兴起并不断扩大，资本主义得到发展，现代化得以起步。民族国家的形成对于现代化举足轻重，王权演变创造了民族国家的现代国家形态，专制王权作为民族国家的早期形式，通过中央集权制度确保国家按照一个既定的一致的目标前行，在一定程度上促进了经济发展，为资本主义的出现做了必要准备。西欧许多地区相继建立专制体制，率先立于现代化的起跑线。但是，专制王权制度也导致“诺斯悖论”，专制王权的限制性权利秩序无法带来经济起飞和真正的现代化转型。英国率先克服专制王权和开启政治现代化，成为当时世界上最自由、最宽松的国家，这种制度环境为英国人追求思想自由、技术进步和财富积累提供了条件。后来一批英国人移民美国，摒弃英国制度的缺陷，进一步促进了资本主义制度的变革，带来美国经济的繁荣，美国的现代化将其推到世界头号国家的地位。

（三）价值引领性

现代化是基于对现代世界的新认识而形成的一种新发展观，体现为理性化与世俗化，人们乐于接受新思想和改革、重视专门技术、尊重和自重，宗教、哲学等主要的文化及价值体系日益分化，民众受教育水平提升。文艺复兴思潮主张个性解放，反对中世纪的禁欲主义和宗教观，倡导科学文化精神，摆脱教会对人的思想的束缚，摒弃一切权威和传统教条，反对封建割据，主张理性主义，打破禁欲主义的压抑，为西欧现代化带来启蒙。宗教改革使人们摆脱天主教会的束缚，新教伦理倡导进取心，追求物质丰裕，助推企业家精神，为资本主义现代化带来精神动力。新航路的开辟促进了资本主义萌芽，引发了一场前所未有的商业革命，商业功能发生重大转变，市场交易成为重要方式，商业结构和组织方式发生重大改变，货币与信贷体系建立与普及，商业精神在西欧发展使其最早走上工业化道路。

（四）人与自然物质转换性

现代化是人类向以土地等自然资源为主的生产与生活方式的告别。在进入现代经济增长之前，人口与自然之间的关系是生存与发展的主线，由于技术停滞不前，资源开发潜力有限，人口增长造成人口与自然的关系陷入紧张，粮食紧缺、人地矛盾、战争与疾病等问题相继爆发，陷入“马尔萨斯陷阱”。工业革命以来创新引领的技术进步拓宽了生产可能性边界，推动人类从低水平的前现代增长跃迁至高水平的现代经济增长，生产力进步的速度超越了人口增长的速度，经济增长动能发生转换，物质财富创造和生产力增长从主要依赖于自然转向技术进步和创新驱动，资源对人类发展的物质性约束日益减少，人与自然的关系逐渐从对立矛盾走向和谐统一，开启了以创新为驱动力的现代化进程。

（五）全球开放性

全球化是现代化的本质特征。与同时期的各大文明相比，西欧在中世纪大部分时间处于落后状态。1500 年前后，在西欧发生了一连串事件，推动了这一区域的文明转化，为新文明的诞生开辟了道路。地理大发现是西欧走向现代的重要推动力，也使世界各部分为人类所知，世界成为一个整体，各文明圈开始形成互动。在这种互动中，西欧从此走上了人类历史舞台的前台。工业化作为现代化的核心经过三次浪潮席卷全球，第一次大浪潮是由英国工业革命开端，向西欧扩散的早期工业化过程，第二次大浪潮是工业化向整个欧洲、北美扩散，同时在非西方世界产生了强大冲浪，第三次大浪潮是发达工业世界向高度工业化升级及欠发达世界大批国家卷入工业化。现代化是一个世界性现象，它发端于西欧，之后以不可阻挡的方式向全世界扩展——起先在西欧，后来在中东欧、北美，然后冲进西亚、北非，接着是南亚、东亚和南美；到 20 世纪，现代化已成为不可抗拒的潮流。时至今日，任何国家或地区都不可避免地卷入其中，现代化成为近代以来人类社会的发展趋势。

二、中国式现代化体现了现代化的共同特征

（一）体现了发展性的共性

新中国成立七十多年来，中华民族迎来了从站起来、富起来到强起来的伟大飞跃，其根本在于发展。社会生产力得到极大解放和发展，经济实力和综合国力显著增强，实现了从低收入国家向中低收入国家、再到中高收入国家的跃升。我国用几十年时间走完了发达国家几百年走过的工业化进程，产业结构发生了翻天覆地的变化，从一个落后的农业国迅速发展成一个以第二、第三产业占主体的国家，而且每个产业内部的优化升级也十分明显，产业结构就实现了从结构简单到门类齐全的巨大跨越。

（二）体现了制度变革推进的共性

中国共产党一以贯之地通过制度变革推动中国式现代化，开创了社会主义现代化的新境界。新中国成立初期，通过没收官僚资本和限制私人资本等举措破除半殖民地半封建经济结构，通过发展国营经济、实现私有制

基础上的合作发展和积累经济结构中的社会主义因素，为农业国工业化奠定社会主义经济基础和物质条件；社会主义改造完成之后，中国建立了高度集中的计划经济体制，通过单一公有制、单一按劳分配、单一国家计划以及城乡分割的二元体制，以农业集体化将农业剩余转化为国家工业化资本积累，奠定了中国工业化基础；改革开放以来，中国在社会主义制度基本方向不变的前提下从高度集中的计划经济体制转型为社会主义市场经济体制，权利逐渐开放的体制秩序支撑着以小康为核心的富强民主文明的社会主义现代化；党的十八大以来，中国特色社会主义体制日臻完善，社会主义基本制度的定型和完善奠定了社会主义现代化强国新征程的制度基础。

（三）体现了价值引领的共性

中国共产党从成立之日起，就是中国先进文化的积极倡导者和发展者，又是中华优秀传统文化的忠实传承者和弘扬者，将马克思主义基本原理与中国实际相结合以及与中国传统文化相结合，建立中国在革命、建设、改革开放与新时代的价值引领。在继承和弘扬中华民族优秀传统文化、借鉴吸收人类文明的共同优秀成果的基础上，中国共产党提出了社会主义核心价值体系，充分关注每个社会成员的利益诉求和价值愿望，妥善处理在思想意识多元多样多变条件下的价值冲突，找到了人们能普遍接受的最大公约数，在尊重差异、包容多样中形成社会价值共识，凝聚起建设社会主义现代化强国的精神力量。

（四）体现了物质转换的共性

针对人口规模巨大的国情，我国在现代化进程中非常注重资源和环境保护、发展方式转变以及创新作为推动经济发展的第一动力。我国在高速工业化城市化阶段，设立耕地红线，确保耕地和粮食安全，全面实施创新驱动发展战略，实现从资源消耗、环境污染和生态破坏向绿色发展的转变。

（五）体现了开放与全球化的共性

党的十一届三中全会拉开改革开放大幕，以开放促改革，实现从封闭半封闭到全方位的开放。抓住经济全球化机遇，加入世贸组织，深度融入国际分工体系，以我国的生产要素优势参与国际大循环，成为“世界工厂”，推动产业升级，提高国际竞争力。进入新时代，面对百年未有之大变局，不断优化对外开放格局，推动构建人类命运共同体。

三、中国式现代化的中国特色

由于不同国家的初始条件不同、制约不一，现代化的方式也不一。先发国家走上资本主义的现代化道路，后发国家大多采取技术和制度移植的现代化，很难取得成功。苏联进行了社会主义制度的现代化，由于体制僵化和苏联共产党缺乏自我革命的内在力量，苏式现代化以共产党垮台和体制转轨进入另外的轨道。中国共产党不断完善中国特色社会主义、坚持以人民为中心，走出一条中国式现代化道路。坚持中国共产党领导，坚持和完善社会主义制度，成为中国式现代化的最大特色。在现代化的内涵上也体现出中国现代化的独特性。

（一）人口规模巨大的现代化

人口规模巨大是我国的基本国情，是中国实现现代化的本底。到 2020 年第七次人口普查时我国总人口高达 14.12 亿人，位居世界第一，我国实现现代化也将改变世界现代化格局。我国要实现的现代化不是局部的现代化，而是覆盖全体人民的全面的现代化。人口规模巨大这一基本国情，是我国实现现代化的前提和约束，也是可利用的条件。我国有 14 亿多人口，是全球最大最有潜力的消费市场。居民消费优化升级，同现代科技和生产方式相结合，蕴含着巨大的增长空间。但是，我国巨量的人口规模很大部分在农村，在向第二个百年奋斗目标迈进的新阶段，农村的现代化是实现人口规模巨大现代化的重中之重。

（二）全体人民共同富裕的现代化

无论是先发国家还是后发国家的现代化都未能解决贫富分化这一世界性难题。共同富裕是中国特色社会主义的本质要求，实现共同富裕是中国共产党的初心使命，是中国式现代化的鲜明特征。实现共同富裕不仅是经济问题，而且是关系党的执政基础的重大政治问题。要通过共同富裕实现全体人民生活质量的全面提升，让全体人民共享经济发展成果，使不平等程度缩小，防止贫富差距越来越大、富人和穷人之间出现不可逾越的鸿沟。中国特色社会主义制度有利于实现共同富裕，按劳分配为主体的多种分配方式本质上是各种生产要素按贡献参与分配，我们可以利用该有之优势促进公平，也可以通过发展非公有制经济，在不断发展社会生产力的基础上逐步推进共同富裕。促进实现人人（有劳动能力的人）有收入，户户有就业，家家有房住，实现幼有所育、学有所教、劳有所得、病有所医、老有所养、住有所居、弱有所扶，建成民生中国。让每个人获得发展自我和奉献社会的机会，共同享有人生出彩的机会，共同享有梦想成真的机会，保证人民平等参与、平等发展权利，维护社会公平正义，使发展成果更多更公平惠及全体人民，让人民共享经济、政治、文化、社会、生态等各方面发展成果，有更多、更直接、更实在的获得感、幸福感、安全感。

（三）物质文明和精神文明相协调的现代化

先发国家的现代化实现了高度的物质文明，但是在精神文明上陷入挣扎，所谓“单向度的人”就是对资本主义现代化的反思。中国式现代化倡导物质文明与精神文明相协调，二者缺一不可。一方面，必须通过经济现代化，将我国建设成为一个富强的现代化强国，创造高度发达的社会主义物质文明。由于不同的环境和条件，中国的经济现代化必须走自己的路，我们既要实现农业现代化与工业化、城市化的同步发展，又要避免“先污染后治理”的教训，走出一条科技含量高、经济效益好、资源消耗低、环境污染少、安全条件有保障、人力资源优势能够充分发挥的新型工业化道路。另一方面，要努力将我国建设成为一个文明的现代化国家，创造高度发达的社会主义精神文明，实现中华优秀传统文化的创造性转化与创新性发展。

（四）人与自然和谐共生的现代化

人与自然和谐共生的现代化是既要经济发展又要环境保护的现代化，形成经济发展和生态环境保护之间的动态双向互动关系。中国式现代化绝不以牺牲环境为代价，要实现从重经济增长轻环境保护向经济发展与环境保护同步发展的转变。牢固树立绿水青山就是金山银山的理念，坚持山水林田湖草沙一体化保护和系统治理，用系统论的整体思维方法推进生态文明体系建设。节约资源和能源、保护环境和生态、减排降碳，持续推进绿色发展、循环发展、低碳发展。通过生态文明建设把我国建设成为一个美丽的现代化国家。生态文明不是要取代和超越工业文明，而是要按照生态化原则系统集成农业文明、工业文明、智能文明的成果，推动人类文明持续向着人与自然和谐共生的路径演进。

（五）走和平发展道路的现代化

和平发展改变了西方现代化“扩张、掠夺、从属”的基因，为人类文明开拓了“合作、共赢、平等”的新道路。中国式现代化，就是要相互尊重、公平正义、合作共赢，寻求以对话弥合分歧、以谈判化解争端，实现全人类共同发展。立足世界格局的变化，着眼于应对全球性挑战的需要，维护和践行多边主义，推动构建以“多边主义”为内核的新型全球治理体系，推动建立人类命运共同体。

第二节 共同富裕的中国式现代化

一、推进共同富裕是中国式现代化的题中应有之义

（一）共同富裕是中国特色社会主义的本质要求

新中国成立之初，毛泽东同志就提出了“这个富，是共同的富，这个强，是共同的强，大家都有份”①。改革开放后，邓小平同志多次强调“社

① 中共中央文献研究室．毛泽东文集：第6卷．北京：人民出版社，1999：495.

会主义不是少数人富起来、大多数人穷，不是那个样子。社会主义最大的优越性就是共同富裕，这是体现社会主义本质的一个东西”[①]。党的十八大以来，习近平总书记反复强调，共同富裕是中国特色社会主义的根本原则，实现共同富裕是中国共产党的重要使命。中国共产党坚持以人民为中心的根本立场，始终把实现好、维护好、发展好最广大人民群众的根本利益作为出发点和落脚点，带领人民迈向共同富裕、创造美好生活，把增进人民福祉、提升人的能力、促进人的全面发展作为发展的出发点和落脚点。当然，在追求共同富裕的道路上，要吸取正反两方面的经验教训，任何时候都不要忘记，贫穷不是社会主义，搞平均主义，吃“大锅饭”，只会导致共同落后、共同贫穷。

（二）实现共同富裕是新发展阶段的重要任务

党的十八大以来，习近平总书记多次强调“我国仍处于并将长期处于社会主义初级阶段的基本国情没有变”[②]，同时又指出“社会主义初级阶段不是一个静态、一成不变、停滞不前的阶段，也不是一个自发、被动、不用费多大气力自然而然就可以跨过的阶段，而是一个动态、积极有为、始终洋溢着蓬勃生机活力的过程，是一个阶梯式递进、不断发展进步、日益接近质的飞跃的量的积累和发展变化的过程”[③]。实现共同富裕是在新发展阶段建设中国特色社会主义现代化强国的重大任务。我们一方面要坚持把发展作为党执政兴国的第一要务，解放和发展生产力，调动劳动者创富积极性，促进社会富裕水平提高；另一方面又要在把社会可分配的财富蛋糕

---

① 邓小平．邓小平文选：第 3 卷．北京：人民出版社，1993：364.
② 习近平．习近平谈治国理政：第 1 卷．北京：外文出版社，2018：93.
③ 习近平．习近平谈治国理政：第 4 卷．北京：外文出版社，2022：165.

不断做大的基础上逐步实现共同富裕，强调效率和公平的平衡，先富帮后富，不断朝着全体人民共同富裕的目标前进。

（三）共同富裕是中国式现代化的鲜明特征

党的二十大对全面建设社会主义现代化国家做出战略安排，明确从2020年到2035年基本实现社会主义现代化、从2035年到本世纪中叶把我国建成富强民主文明和谐美丽的社会主义现代化强国。与之相适应，到2035年，全体人民共同富裕取得更为明显的实质性进展，基本公共服务实现均等化；到本世纪中叶，全体人民共同富裕基本实现，居民收入和实际消费水平差距缩小到合理区间。这表明实现共同富裕与全面建设现代化国家是相统一的。为此，必须着力于人均国内生产总值（GDP）水平的提高，经济总量增长要与个人经济富裕同步，使中等收入群体显著扩大，促进人的全面发展，实现基本公共服务均等化，城乡区域发展差距和居民生活水平差距显著缩小。

（四）共同富裕的内涵

中国式现代化的共同富裕具有全体性、全面性、全域性、差异性、共建共享性和渐进长期性特征。是经济高质量发展基础上，所有社会成员共同参与财富创造、公平分享发展成果的全体性富裕；是通过经济、政治、文化、社会、生态等方面协调发展，实现物质生活和非物质生活的全面性富裕；是通过不断缩小城乡、区域、群体差距，实现全域性富裕；是通过创造尊重劳动、保护创新的社会氛围，实现有差异性富裕；是通过人人参与共同富裕建设过程并共享发展成果，实现“共建共享”的富裕；是通过构建推进共同富裕的长效保障机制，实现渐进性共同富裕。

二、共同富裕的伟大成就与新时代的主要挑战

（一）共同富裕的伟大成就

第一，经济增长与高质量发展。经济发展是实现共同富裕的物质前提。改革开放以来，中国共产党坚持以经济建设为中心，不断解放和发展社会生产力，创造出经济快速发展和社会长期稳定两大奇迹。一是中国经济保持40余年高速增长。1978—2021年中国GDP总量年均实际增速达9.2%[①]，人均GDP由156美元增至12 556美元[②]，从一个贫穷落后的国家发展为全球第二大经济体和最大的发展中国家。二是快速工业化城市化推动结构转型。中国已建成完整的工业体系，仅用几十年时间就走完发达国家几百年走过的工业化历程，成为世界第一大工业国。城市化率从改革开放初期不足18%提高至当前超过60%，党的十八大以来新型城镇化战略稳步推进，2020年底1亿农业转移人口和其他常住人口的市民化进程顺利推进[③]。三是向高质量发展迈进。中国特色社会主义进入新时代，“创新、协调、绿色、开放、共享”发展理念得到践行，经济增长从“数量追赶”转向“质量追赶”，从“规模扩张”转向“结构升级”，从“要素驱动”转向“创新驱动”。

第二，居民收入增长与分配改善。分配制度是促进共同富裕的基础性制度。中国居民收入与经济同步增长，公平与效率不断平衡。一是人民生活水平显著提高。1978—2021年，全国居民人均可支配收入由171元增至

---

① 如无特殊说明，本节数据均来自国家统计局。

② https：//data. worldbank. org. cn/.

③ http：//www. gov. cn/zhuanti/2021lhzfgzbg/index. htm.

35 128 元，年均实际增长 8.2%；同期居民人均消费由 151 元增至 24 100 元，城乡居民恩格尔系数分别由 1978 年的 57.5%和 67.7%下降到 2020 年的 29.2%和 32.7%[①]。居民财富不断积累，2013—2018 年年均实际增长 12%[②]。二是劳动者就业得到更大保障。党的十八大以来城镇新增就业人数年均超过 1 300 万人，2021 年城镇单位人员工资较 2012 年翻了一倍[③]。农民工总量超过 2.9 亿人，外出农民工人均月收入由 2012 年的 2 290 元增至 2021 年的 5 013 元。三是收入分配格局逐渐改善。全国居民人均可支配收入基尼系数由 2008 年的 0.491 降至 2020 年的 0.468，城乡居民收入比由 2009 年的 3.33 降至 2021 年的 2.50；2020 年，东部与西部、中部与西部、东北与西部地区的收入之比分别比 2013 年下降 0.08、0.03 和 0.18[④]。

第三，消除绝对贫困与实现全面小康。打赢脱贫攻坚战是推动共同富裕的重要支撑。中国在消除绝对贫困方面成就斐然，2020 年底如期完成新时代脱贫攻坚目标任务，现行标准下 9 899 万农村贫困人口全部脱贫，832 个贫困县全部摘帽，12.8 万个贫困村全部出列[⑤]。经过全党全国各族人民持续奋斗，实现了第一个百年奋斗目标，在中华大地上全面建成了小康社会，历史性地解决了绝对贫困问题。

第四，建立公共服务与社会保障体系。公共服务与社会保障是实现共同富裕的机制保障。党的十八大以来，中国社会保障体系建设进入快车道，保障人群范围持续扩大、待遇水平稳步增长、服务保障功能日益完

---

① http://www.gov.cn/zhengce/2021-09/28/content_5639778.htm.
② 李实．共同富裕的目标和实现路径选择．经济研究，2021（11）：4－13.
③ http://www.scio.gov.cn/xwfbh/xwbfbh/wqfbh/47673/48879/index.htm.
④ http://wap.stats.gov.cn/fb/202109/t20210929_1822625.html.
⑤ http://www.gov.cn/zhengce/2021-09/28/content_5639778.htm.

善，社会保险实现由覆盖城乡向城乡统筹转变[①]。党的十九届五中全会确定了2035年实现基本公共服务均等化的目标，在幼有所育、学有所教、劳有所得、病有所医、老有所养、住有所居、弱有所扶等“七有”方面持续发力。中国已建成世界上规模最大的教育体系、社会保障体系、医疗卫生体系，教育普及水平实现历史性跨越，基本养老、失业、工伤三项社会保险参保人数分别从2012年的7.9亿人、1.5亿人、1.9亿人增加到2022年6月的10.4亿人、2.3亿人、2.9亿人[②]；基本医疗保险参保率稳定在95%，覆盖超过13亿人；住房保障力度不断加大，累计建设各类保障性住房和棚改安置房8 000多万套，改造农村危房2 400多万户，帮助2亿多困难群众改善了住房条件[③]。

（二）新时代实现共同富裕的主要挑战

社会主义现代化建设和共同富裕取得伟大成就的同时，一系列长期积累及新出现的突出矛盾和问题亟待解决。我国社会主要矛盾转化为人民日益增长的美好生活需要和不平衡不充分的发展之间的矛盾，突出表现为居民收入增长、区域发展、城乡发展等方面的不平衡、不充分。一是居民收入差距缩小任务艰巨，2020年高收入户收入是低收入户的10.2倍，中国基尼系数超过0.40的国际警戒线。二是农村发展不平衡不充分，2021年城乡收入比仍处于2.5倍的高位[④]，2020年占总就业人数23.6%的第一产

---

① 刘晓梅，曹鸣远，李歆，等．党的十八大以来我国社会保障事业的成就与经验．管理世界，2022（7）：37－49.

② http：//www.scio.gov.cn/xwfbh/xwbfbh/wqfbh/47673/48879/index.htm.

③ http：//www.gov.cn/zhengce/2021-09/28/content_5639778.htm.

④ 刘守英，陈航．东亚乡村变迁的典型事实再审视：对中国乡村振兴的启示．农业经济问题，2022（7）：25－40.

业劳动力仅创造7.7%的GDP份额。三是区域发展不平衡，东部沿海地区与中西部地区、东北地区差距拉大，南北经济差距扩大①。四是人的全面发展存在不足。例如，省际幼儿园和高中的生均教育经费差距大，城镇和农村居民的最低生活保障、基本养老和医疗保险金额存在差异②。

三、以共同富裕实现中国式现代化的路径

我们要实现好、维护好、发展好最广大人民根本利益，紧紧抓住人民最关心最直接最现实的利益问题，坚持尽力而为、量力而行，深入群众、深入基层，采取更多惠民生、暖民心举措，着力解决好人民群众急难愁盼问题，健全基本公共服务体系，提高公共服务水平，增强均衡性和可及性，扎实推进共同富裕。

（一）实现共享发展

我国无论住户部门和劳动者报酬在国民总可支配收入中的份额，还是居民可支配收入与国民总可支配收入的比率，都经历过下降，只是到近10年才有明显回升，我国2019年家庭消费支出占GDP比重仅为39.2%，低于世界平均水平（56.6%）。党的十九大报告提出坚持在经济增长的同时实现居民收入同步增长，在劳动生产率提高的同时实现劳动报酬同步提高。这是促进全体人民共同富裕的重要举措。高质量发展必须内含共享发展，未来10余年城乡居民人均可支配收入的实际增长率可以保持与GDP

---

① 中国发展研究基金会．中国发展报告2021—2022：走共同富裕之路．北京：中国发展出版社，2022.

② 李实，杨一心．面向共同富裕的基本公共服务均等化：行动逻辑与路径选择．中国工业经济，2022（2）：27－41.

潜在增长率相同，到“十四五”结束时以及到2035年，中国居民的生活标准总体上可以分别达到高收入国家和中等发达国家水平。

（二）全面推进乡村振兴

全面建设社会主义现代化国家，最艰巨最繁重的任务仍然在农村。要坚持农业农村优先发展，构建城乡融合形态与发展格局，推动城乡要素双向流动与顺畅配置。加快建设农业强国，扎实推动乡村产业、人才、文化、生态、组织振兴，实现农业农村现代化。加快转变农业发展方式，推进农业产业革命，提升种业安全，树立大食物观，构建多元化食物供给体系。发展乡村特色产业，提高乡村产业复杂度。巩固和完善农村基本经营制度，发展新型农村集体经济，发展新型农业经营主体和服务主体。深化农村土地制度改革，促进农业转型和乡村转型。促进城乡互动，保障进城落户农民城乡权利。

（三）促进区域协调发展

深入实施区域协调发展战略、区域重大战略、主体功能区战略、新型城镇化战略，优化重大生产力布局，构建优势互补、高质量发展的区域经济布局和国土空间体系。推动西部大开发形成新格局，推动东北全面振兴取得新突破，促进中部地区加快崛起，鼓励东部地区加快推进现代化。推进京津冀协同发展、长江经济带发展、长三角一体化发展，推动黄河流域生态保护和高质量发展。推进以人为核心的新型城镇化，加快农业转移人口市民化。以城市群、都市圈为依托构建大中小城市协调发展格局，推进以县城为重要载体的城镇化建设。

（四）完善分配制度

分配制度是促进共同富裕的基础性制度。坚持按劳分配为主体、多种分配方式并存，构建初次分配、再分配、第三次分配协调配套的制度体系。坚持多劳多得，鼓励勤劳致富，促进机会公平，增加低收入者收入。完善按要素分配政策制度，探索多种渠道增加中低收入群众要素收入，多种渠道增加城乡居民财产性收入。加大税收、社会保障、转移支付等的调节力度。完善个人所得税制度，规范收入分配秩序，规范财富积累机制，保护合法收入，调节过高收入，取缔非法收入。引导、支持有意愿有能力的企业、社会组织和个人积极参与公益慈善事业。

（五）扩大中等收入群体

实行中等收入群体倍增计划，在已有的 4 亿中等收入群体的基础上，再用 10 至 15 年，推动这个群体再增加一倍，占到总人口的 60%左右。要实现这一目标，一方面需要最大限度地稳定现有中等收入群体，使其中的脆弱人群免于滑落成为低收入人群；另一方面要为最有潜力成为中等收入群体的部分低收入人群创造更好的条件和更多的机会，让他们稳步地迈入中等收入群体的行列。在此进程中，还需加大收入再分配政策的调节力度，提高直接税的比重，降低间接税的比重，增加财政的民生支出比例并更加偏向于低收入人群和中等收入人群中的脆弱者。

（六）实施就业优先战略

强化就业优先政策，健全就业促进机制，促进高质量充分就业。健全就业公共服务体系，完善重点群体就业支持体系，加强困难群体就业兜底帮扶。统筹城乡就业政策体系，破除妨碍劳动力、人才流动的体制和政策弊端，消除影响平等就业的不合理限制和就业歧视，使人人都有通过勤奋劳动实现自身发展的机会。健全终身职业技能培训制度，推动解决结构性就业矛盾。完善促进创业带动就业的保障制度，支持和规范发展新就业形态。健全劳动法律法规，完善劳动关系协商协调机制，完善劳动者权益保障制度，加强灵活就业和新就业形态劳动者权益保障。

（七）健全社会保障体系

健全覆盖全民、统筹城乡、公平统一、安全规范、可持续的多层次社会保障体系。完善基本养老保险全国统筹制度，发展多层次、多支柱养老保险体系。扩大社会保险覆盖面，健全基本养老、基本医疗保险筹资和待遇调整机制，推动基本医疗保险、失业保险、工伤保险省级统筹。促进多层次医疗保障有序衔接，完善大病保险和医疗救助制度，落实异地就医结算。加快完善全国统一的社会保险公共服务平台。健全社保基金保值增值和安全监管体系。健全分层分类的社会救助体系。坚持房子是用来住的、不是用来炒的定位，加快建立多主体供给、多渠道保障、租购并举的住房制度。

第三节

高质量发展与建设社会主义现代化强国

要建成社会主义现代化国家，就必须完整、准确、全面贯彻新发展理念，加快构建新发展格局，加快建立现代化经济体系，加快建设高标准市场经济体系，实现高质量发展。

一、高质量发展是新发展阶段的中心任务

中国特色社会主义进入了新时代，我国经济发展也进入了新时代。我国仍处于并将长期处于社会主义初级阶段，我国仍然是世界上最大的发展中国家，发展仍然是我们党执政兴国的第一要务。同时我国已处于社会主义初级阶段的新发展阶段，在建设社会主义现代化国家新征程中，必须以高质量发展全面推进中国式现代化。

第一，我国经济发展已由高速增长阶段转向高质量发展阶段。改革开放四十多年来，我国利用劳动力成本低和独特土地制度形成的低成本和土地资本化，推动了经济高速增长和快速工业化城镇化，成为“世界制造工厂”，实现了乡土中国向城乡中国转型。但是，随着劳动力成本上升，人口增长减缓带来人口红利下降，以地谋发展模式造成的财政金融和社会风险累积，外延扩张产生的资源环境约束加大，传统发展模式已难以为继。2003 年以来，我国土地驱动经济增长、工业化和城市化的效力减弱，继续沿用原有模式的风险加大，以高质量发展培育新增长动能、推动生产函数变革、塑造新的竞争优势成为唯一战略选择。

第二，高质量发展是解决新时代主要矛盾的钥匙。改革开放后，我国基于社会主义初级阶段的基本国情，确定我国社会的主要矛盾是人民群众日益增长的物质文化需要与落后的社会生产之间的矛盾。进入新时代，一方面，我国生产力水平大大提高，拥有世界上最完整的工业产业链条、最强大的工业制造能力，科技创新和应用在很多方面进入世界前列，长期存在的短缺经济和供给不足状况已经发生根本性变化。另一方面，随着人们

生活水平显著提高，人民群众的需要呈现多样化、多层次、多方面的特点，他们期盼有更好的教育、更稳定的工作、更满意的收入、更可靠的社会保障、更高水平的医疗卫生服务、更舒适的居住条件、更优美的环境、更丰富的精神文化生活。制约日益增长的人民对美好生活的需要的关键因素扩展到包括生产发展因素在内的整体社会发展的不平衡和不充分。我国社会主要矛盾已经转化为人民日益增长的美好生活需要和不平衡不充分的发展之间的矛盾，发展中的矛盾和问题集中体现在发展质量上。不平衡不充分的发展就是发展质量不高的表现。这就要求我们必须把发展质量问题摆在更为突出的位置，着力提升发展质量和效益。解决我国社会的主要矛盾，必须推动高质量发展，不只要重视量的有效增长，更要注重质的大幅提升。只有推动高质量发展，才能适应科技新变化、人民新需要，提供更多优质产品和服务。只有推动高质量发展，才能从“有没有”转向“好不好”，以不断满足人民群众个性化、多样化、不断升级的需求，解决新时代的主要矛盾。

第三，高质量发展决定中国式现代化的成败。实现现代化是各国谋求发展的目标，也是充满荆棘的征途。迄今全球一百多个中等收入经济体中只有十几个成功进入高收入经济体，绝大多数国家的现代化进程受挫。新近的研究表明，那些取得现代化成功的国家的共同经验是，在经历高速增长阶段后面对经济收缩实现了经济绩效提高。那些现代化受挫的国家的共同教训是，它们尽管表现出不间断的经济高增长，但是其过大的经济收缩幅度和过高的经济收缩频率影响了这些国家的经济绩效持续提高和现代化转型。我国经济发展在经历高速增长以后，已从中低收入阶段迈向高收入阶段，经济绩效已不再依赖于高增长引擎，而是取决于如何防止经济收缩的扰动。经济绩效的表现取决于经济发展质量的高低。必须切实转变发展方式，坚持质量第一、效益优先，推动质量变革、效率变革、动力变革，不断提高劳动效率、资本效率、土地效率、资源效率、环境效率，不断提升科技进步贡献率，不断提高全要素生产率。

进入新时代，我国着力推进高质量发展，经济实力实现历史性跃升，经济总量占世界经济的比重稳居世界第二位，人均国内生产总值大幅提升，经济结构实现根本性跃迁，加快推进科技自立自强，战略性新兴产业发展壮大，进入创新型国家行列，为以高质量发展推动建设现代化国家提供了经验和基础。

二、以构建新发展格局推动高质量发展

中国式现代化的重要特征是人口规模巨大的现代化。一方面，在一个人口规模巨大的国家实现高质量发展，建成社会主义现代化强国，就必须构建以国内大循环为主体、国内国际双循环相互促进的新发展格局，促进生产、流通、分配、消费循环通畅，保持合理的国民经济重大比例关系和空间布局。改革开放以来，面对资本和科技能力不够、国内需求不足、市场体系不完善、治理能力不强的局面，我国选择了以市场和资源“两头在外”的发展战略融入世界经济体系，对我国快速工业化，成为“世界工厂”，增强我国经济实力、提高在全球经济的地位发挥了重要作用。世界百年未有之大变局加速演进，世纪疫情影响深远，世界经济复苏乏力，全球经济再平衡成为世界经济演变的逻辑主线，产业分工体系和区域布局正在发生广泛深刻调整，经济原有供需循环受到干扰甚至被阻断，应对世界变局的关键在于办好自己的事，统筹好发展与安全，以自身的高质量发展

抵御外部风险。另一方面，我国人口规模巨大内含超大的市场规模，具有不同区域的腾挪和错位发展空间优势，也有利于支撑强大的内需和发展主体性。我国有 14 亿多人口，人均国内生产总值已经突破 1 万美元，4 亿多人的中等收入群体，是世界上最有潜力的超大规模市场，给我国经济发展带来显著的规模经济优势、创新发展优势和抗冲击能力优势。同时我国拥有世界上规模最大、门类最齐全的制造业体系，在全球产业分工体系和供应链体系中占据举足轻重的地位，拥有支撑国内国际双循环的强大供给能力。利用和发挥好我国超大规模优势，不仅有利于应对外部风险冲击，而且有利于实现全体人民的共享发展和共同富裕。面对国际国内形势，在构建新发展格局时，必须使生产、分配、流通、消费更多依托国内市场，形成国民经济良性循环。把扩大内需作为双循环的战略支点，改善收入分配，优化区域发展，实现城乡平衡发展。坚持供给侧结构性改革，提高国民经济运行效率，提升供给体系对国内需求的适配性，打通经济循环堵点，提升产业链、供应链的完整性，使国内市场成为最终需求的主要来源，形成需求牵引供给、供给创造需求的更高水平动态平衡。通过推动形成更加顺畅的国内经济循环，吸引更高质量的全球资源要素，形成高水平开放的国内国际双循环，促进我国产业技术升级，提升我国在国际竞争与合作中的能力与主动性。

三、以建设现代化经济体系支撑高质量发展

一个现代化强国一定有强大的现代经济体系作为支撑。建设现代化经济体系是实现社会主义现代化强国目标的关键。高质量发展的核心就是建设现代化经济体系。只有建立起现代化经济体系，才能真正转变经济发展

方式，才能使经济结构得到优化升级，才能找到新的经济增长动能。只有建立起现代化经济体系，才能构建起新发展格局。现代化经济体系是一国经济系统各环节、各层面、各领域相互关系和内在联系构成的有机整体。经济体系犹如一件衣裳，各部分是这件衣裳的布料，缝制和搭配得当，衣裳才能得体。一是建成比较完整协同、更具竞争力的产业体系。巩固优势产业领先地位，培养一批具有全球核心竞争力和比较优势的产业。推动战略性新兴产业融合集群发展，构建新一代信息技术、人工智能、生物技术、新能源、新材料、高端装备、绿色环保等一批新的增长引擎。在关系安全发展的领域增强自主创新能力和产业链安全，提升战略性资源供应保障能力。二是构建优质高效的现代服务业体系。高质量发展必须建设强大的现代服务业，促进服务业转型升级，加快发展物联网，建设高效顺畅的流通体系，降低物流成本。使现代金融服务实体经济的能力不断增强。构建与现代产业体系相匹配的服务业新体系，推动现代服务业同先进制造业、现代农业深度融合。三是构建现代化基础设施体系，优化基础设施布局、结构、功能和系统集成，提高基础设施利用和配置效率，增强基础设施对经济发展的服务能力。四是建设体现效率、促进公平的收入分配体系，实现收入分配合理、社会公平正义、全体人民共同富裕，推进基本公共服务均等化，逐步缩小收入分配差距，使高质量发展成果为全民共享。五是建设功能合理、协调联动的城乡区域发展体系，深入实施区域协调发展战略、区域重大战略、主体功能区战略、新型城镇化战略，优化重大生产力布局，构建优势互补、高质量发展的区域经济布局和国土空间体系，实现区域良性互动、城乡融合发展，培育和发挥区域比较优势，加强区域优势互补，塑造区域协调发展新格局。六是建设资源节约、环境友好的绿色发展体系。推动经济社会发展绿色化、低碳化是实现高质量发展的关键环节。实现绿色循环低碳发展、人与自然和谐共生，形成人与自然和谐发展现代化建设新格局。实施全面节约战略，推进各类资源节约集约利用，以资源集约利用助推高质量发展。统筹产业结构调整、污染治理、生态保护、应对气候变化，协同推进降碳、减污、扩绿、增长，推进生态优先、节约集约、绿色低碳发展。积极稳妥推进碳达峰碳中和，立足我国能源资源禀赋，坚持先立后破，有计划分步骤实施碳达峰。七是建设多元平衡、安全高效的全面开放体系，推进高水平对外开放，发展更高层次开放型经济，优化区域开放布局，深度参与全球产业分工和合作，维护多元稳定的国际经济格局和经贸关系，提升贸易投资合作质量和水平，稳步扩大规则、规制、管理、标准等制度型开放。

四、以建设实业强国实现高质量发展

实体经济是一国经济的立身之本，是财富创造的根本源泉，是国家强盛的重要支柱。要营造脚踏实地、勤劳创业、实业致富的发展环境和社会氛围。制造业是立国之本、强国之基，要坚定不移建设制造强国。从世界各国现代化的经验看，富国与穷国的差距在于产品与产业复杂度的差异，根本在于内含于产品与产业的知识含量差异形成的比较优势差异，越是富裕国家，知识内在于产业和产品的价值越高，具有比较优势的产业和产品越多，越是贫穷的国家则反之。我国改革开放以来一方面利用廉价和勤劳的劳动力优势和园区发展模式成为“世界制造工厂”，另一方面也基于产品复杂度的提高在国际上增加了具有比较优势的产品和产业。今后必须进一步提高我国产品和产业的复杂度和在全球的竞争地位，把制造业高质量发展放到更加突出的位置，加快发展先进制造业，推动制造业高端化、智能化、绿色化发展，推动互联网、大数据、人工智能同实体经济深度融合，推动先进制造业和现代服务业深度融合。为企业和企业家创新提供良好环境，促进新技术、新组织形式、新产业集群形成和发展，提升企业综合竞争力和劳动生产率，培育更多“专精特新”和“隐形冠军”。切实降低企业成本，减少行政审批，优化环保、消防、税务、市场监管等执法方式，降低企业合规成本，降低过高的社保缴费率，降低电力电网交易成本，降低物流成本。

加快数字化发展，建设数字中国。充分把握新一轮科技革命和产业变革新机遇，推动数字经济高质量发展，促进数字经济和实体经济深度融合，打造具有国际竞争力的数字产业集群。深化大数据、人工智能等研发应用，培育新一代信息技术、高端装备、生物医药、新能源汽车、新材料等新兴产业集群。将数字经济全面融合渗透到传统产业，推动传统农业、工业和服务业转型升级，催生新产业、新业态和新模式。利用数字技术促进产业链上下游企业的整合，实现生产要素和资源的高水平融合。在数字技术核心层进行大量投入，增强我国在数字技术核心层的自主创新能力。利用数字经济将交易服务转移到虚拟空间，打破地理区域空间限制，促进区域协调发展和城乡融合发展。将数据作为重要生产要素纳入生产函数，提升其他生产要素的边际生产率，提高生产要素的协调性。利用数字技术促进企业采取个性化定制，柔性化生产，提高供给质量，更好满足消费需求。通过数字经济促进消费理念升级，培养新的消费习惯。

五、以高水平社会主义市场经济体制提供高质量发展制度保障

稳定的基本制度和高标准市场体制是高质量发展的基础。新时代已经

使我国基本经济制度定型，必须坚持和完善社会主义基本经济制度，毫不动摇巩固和发展公有制经济，毫不动摇鼓励、支持、引导非公有制经济发展。企业是高质量发展的微观基础，必须要稳定市场主体预期，完善中国特色现代企业制度，弘扬企业家精神，加快建设世界一流企业。深化国资国企改革，加快国有经济布局优化和结构调整，推动国有资本和国有企业做强做优做大，提升企业核心竞争力。优化民营企业发展环境，依法保护民营企业产权和企业家权益，促进民营经济发展壮大。市场体系是高质量发展的保障，必须建设统一开放、竞争有序的市场体系，实现市场准入畅通、市场开放有序、市场竞争充分、市场秩序规范、商品和要素自由流动平等交换的现代市场体系。完善产权保护、市场准入、公平竞争、社会信用等市场经济基础制度，完善统一的产权保护制度，完善依法平等保护各种所有制经济产权的制度体系。加快建设高效规范、公平竞争、充分开放的全国统一大市场，建立全国统一的市场制度规则，打破地方保护和市场分割，打通制约经济循环的关键堵点，促进商品要素资源在更大范围内畅通流动，全面推动我国市场由大到强转变。深化要素市场化改革，打造统一的要素和资源市场，健全城乡统一的土地和劳动力市场，加快发展统一的资本市场，加快培育统一的技术和数据市场。推进市场监管公平统一，健全统一市场监管规则。强化统一市场监管执法。全面提升市场监管能力。体制成本是影响高质量发展的制度性因素，必须坚决破除各方面体制机制障碍，激发全社会创新创业活力，尤其是激发各类市场主体活力，进一步规范不当市场竞争和市场干预行为，加强反垄断和反不正当竞争，破除地方保护、行政性垄断和区域壁垒，清理废除妨碍依法平等准入和退出的规定做法，优化营商环境。

第四节

优秀传统文化与中国式现代化

文化是一个国家、一个民族的灵魂。文化兴则国运兴，文化强则民族强。文化是一个国家现代化的根，文化也在现代化进程中实现创造性转化与创新性发展。党的二十大报告明确“从现在起，中国共产党的中心任务就是团结带领全国各族人民全面建成社会主义现代化强国、实现第二个百年奋斗目标，以中国式现代化全面推进中华民族伟大复兴”。也明确了到2035年，将建成文化强国、国家文化软实力显著增强作为建设现代化强国的重要指标。

一、物质文明和精神文明相协调是中国式现代化的鲜明特征

现代化源于对现代世界的新认识而形成的理性化与世俗化的发展观，文艺复兴思潮主张个性解放，反对中世纪的禁欲主义，倡导科学文化精神，摒弃一切权威和传统教条，主张理性主义，为西欧现代化带来启蒙。宗教改革使人们摆脱天主教会的束缚，新教伦理倡导进取心，追求物质丰裕，助推企业家精神，为资本主义现代化带来精神动力。新航路的开辟促进了资本主义萌芽的诞生，引发了一场前所未有的商业革命，商业精神在

西欧的发展使其最早走上工业化道路。对传统文化价值的反叛使宗教、哲学等主要的文化及价值体系日益分化，人们乐于接受新思想和改革、重视专门技术、尊重和自重，将人类推上了现代化的征程。经过一百多年的发展与现代化，人们在享受着高度物质文明的同时，幸福感并没有随着收入提高和物质生活的改善而同步提高。现代化使人们脱离了感性世界，进入完全的理性世界，人们十分理性地生活，被利益所主导，被效率的皮鞭驱赶着。随着现代化的进展，人们的身心异化越来越成为一种常态，以物欲化、享乐化、个体化为特征的价值文化成为主流。及至当代，质疑理性是后现代性的一个显著特征，它对普遍化道德的否定，对个体“感受性”和“喜好性”的强调，加剧了社会价值的分歧与冲突，使人们的生活价值观由注重精神生活向注重物质生活偏移，一些人把物质享受当成了人生的唯一价值目标，一些人由价值虚无走向了精神空虚，拜金主义、物质主义、极端利己主义泛滥。

党的二十大报告提出了中国式现代化的五大特征，不仅给出了中国式现代化的路径，而且也彰显了中国共产党以中国式现代化破解人类现代化难题的追求。其中之一就是以物质文明和精神文明相协调的现代化来矫正过于物质现代化带来的现代化困境。进入新时代，我们党明确提出经济建设、政治建设、文化建设、社会建设、生态文明建设“五位一体”，明确共同富裕是人民群众物质生活和精神生活都富裕，推动实现人的全面发展和社会全面进步。党的二十大报告明确提出：“物质富足、精神富有是社会主义现代化的根本要求。物质贫困不是社会主义，精神贫乏也不是社会主义。”要以高质量发展为中心任务，毫不动摇地将发展作为党执政兴国的第一要务，不断厚植现代化的物质基础，不断夯实人民幸福生活的物质条件，将综合国力提高到发达国家水平，实现高度物质文明的现代化。在推进现代化进程中，不仅要发展社会生产力、促进经济快速稳定增长，而且要促进精神文明进步。离开精神文明进步的单一物质文明发展的现代化，不是真正的社会主义现代化，不符合社会全面进步的要求。因此，在通过现代化实现物质富足的同时，也要实现精神富有，大力发展社会主义精神文明，传承中华文明，促进人的全面发展。社会主义现代化的根本目标是实现社会的全面进步。真正的社会进步不是某个领域或单一方面的发展，而是社会的各个领域、各个方面的协调发展。我们要建成的社会主义现代化强国，一定是物质文明和精神文明比翼双飞的强国，实现“当高楼大厦在我国大地上遍地林立时，中华民族精神的大厦也应该巍然耸立”[①]。

二、文化变迁与国家现代化

世界范围内现代化路径的多样性以及各国经济发展绩效的差异性，是现代化的核心问题。文化对一个国家现代化的影响与作用机制引起越来越多的关注。文化是可以跨时代在个人之间传播的知识、技术、价值观、信仰和行为规范，是人类社会的基本构成部分，也是引导人类行为决策与影响资源配置效率的重要因素。文化的延续性以及其作为变革载体的特性，使文化及其变化在现代化转型中的地位变得极为关键。同时，文化基因是一国国情的基底，是一国长期变迁中积累的习俗、规则、价值和制度，是一直活着的传统，但是，文化基因并非一国能否发展的宿命，而是在现代化不同阶段、面对不同时代背景和经济条件发挥着不同的作用。

---

① 习近平．在文艺工作座谈会上的讲话．人民日报，2015-10-15.

中国现代化进程中对待传统文化的过程经历了“否定—改造—吸收外来文化精华—传承创新”的转变。到了 19 世纪中叶，中国的封建社会经历长期延续终于进入寿终正寝的时代。1840 年，鸦片战争爆发，大大加速了中国封建社会的解体过程，中国迅速向半殖民地半封建社会转变，出现“古今之大变局”，西方科学技术和现代思想使中国的价值传统受到严重冲击，出现“道术为天下裂”局面。这次社会变革与之前历代社会变革具有完全不同的性质，它是在工业革命导致社会生产方式和社会生活方式发生根本变化的背景下发生的，是一次更为根本的变革。这次变革不是源于中国社会内部，而是直接受到外来冲击发生，因为冲击源于一种全新的外来文化，这次社会变革比起前几次来得更猛烈、更彻底。这就使中国传统社会和价值传统受到前所未有的冲击。在这种冲击下，“一切固定的僵化的关系以及与之相适应的素被尊崇的观念和见解都被消除了……一切等级的和固定的东西都烟消云散了，一切神圣的东西都被亵渎了”①。总之，一切传统的东西都大大贬值甚至一文不值了。面对“古今之大变局”和“道术为天下裂”的历史局面，中国知识分子开始思考，一部分人坚持原有的价值传统以抵制外来思想，另一部分人则对传统价值进行全面的批判式重估。两种思想力量对峙的背后，实际上是两种文明即农业文明和工业文明的冲突，亦即东方文明和西方文明的冲突。经过这一裂变，现代化成为整个中华民族的共识。在现代化起步和推进中，数千年的中国价值传统，包括人文传统、道德传统和多元传统，被认为不仅不能“载道而行”，反而成为现代化的严重障碍。人们认为，只有彻底突破传统，批判传统，最终

---

① 马克思，恩格斯．马克思恩格斯选集：第 1 卷．3 版．北京：人民出版社，2012：403.

放弃传统，现代化才能顺利实现。在现代化的过程中，现代思想和现代价值日益增进，而传统价值不断地减损，成为中国近代以来“古今之大变局”和“道术为天下裂”之历史格局的核心特征。

中国共产党对待文化的态度是与中国的现代化阶段和时代需求相呼应的。在革命时期的主要任务是建立新中国，将灾难深重的中华民族从传统中拔出。这一时期对传统文化的态度是反封建。中国共产党成立于五四运动激进的反传统思想背景，成立后不久又肩负起反封建的革命任务。从成立之初到全面抗战爆发，中国共产党承继五四运动激烈的反传统衣钵，对中国传统文化的否定与排斥居于主导地位。从抗日战争结束到新中国成立，中国共产党在延续五四精神的同时，对传统文化力图做出较为理性的评价。毛泽东指出：“我们这个民族有数千年的历史，有它的特点，有它的许多珍贵品。对于这些，我们还是小学生。”① “中国的长期封建社会中，创造了灿烂的古代文化。清理古代文化的发展过程，剔除其封建性的糟粕，吸收其民主性的精华，是发展民族新文化提高民族自信心的必要条件；但是决不能无批判地兼收并蓄。必须将古代封建统治阶级的一切腐朽的东西和古代优秀的人民文化即多少带有民主性和革命性的东西区别开。”② “我们信奉马克思主义是正确的思想方法，这并不意味着我们忽视中国文化遗产和非马克思主义的外国思想的价值。中国历史遗留给我们的东西中有很多好东西，这是千真万确的。我们必须把这些遗产变成自己的东西。然而我们中国有些人却崇拜旧的过时的思想，这些思想对于我们今

---

① 毛泽东．毛泽东选集：第2卷．2版．北京：人民出版社，1991：533－534.
② 毛泽东．毛泽东选集：第2卷．2版．北京：人民出版社，1991：707－708.

天的中国不仅不适用而且有害。这样的东西必须抛弃。”① 中国近代以来现代化的基本逻辑就是打破传统，从传统价值的束缚下解放，这对于我们去除阻碍民族进步的成分、吸收和学习现代化国家的先进思想、提取别国发展成功的有益成分起到了重要作用。

新中国成立后，中国共产党面临的主要任务是从农业国转变为工业国，推动农业国的结构转变和制度转型。党基本延续了延安时期形成的对待传统文化的立场和态度，尽管也肯定过中国传统文化中的积极因素。在文化转型与重建过程中，传统文化基本上处于被否定和被批判的地位，“文化大革命”期间，以儒学为主体的传统文化遭到“横扫”，被扔进“历史的垃圾堆”。“文化大革命”结束后，仍有不少声音认为中国依然面临严重的反封建思想局面。

进入改革开放和中国特色社会主义建设时期，中国共产党面临的主要任务是带领全国人民奔小康和实现实现化，吸收现代化国家的经验和文化是重要路径。伴随改革开放进程，党对传统文化的态度发生转变。针对 80 年代大规模引进西方文化、思想过程中引发的某种程度的民族虚无主义和历史虚无主义思潮，90 年代以后研究如何有效地抵御“西化”成为党执政的重要课题。爱国主义越来越成为动员和凝聚社会的主题，其中就包括中国悠久历史和中华民族优秀传统文化教育。弘扬民族文化不仅直接关系到我国文化的兴衰，而且在政治上具有重要意义。进入新世纪后，党的十六大报告专门阐述了“坚持弘扬和培育民族精神”，“民族精神是一个民族赖以生存和发展的精神支撑……在五千多年的发展中，中华民族形成了以爱

① 中共中央文献研究室．毛泽东文集：第 3 卷．北京：人民出版社，1996：191.

国主义为核心的团结统一、爱好和平、勤劳勇敢、自强不息的伟大民族精神”。要求把弘扬和培育民族精神作为文化建设极为重要的任务，纳入国民教育全过程，纳入精神文明建设全过程。2006 年出台的《国家“十一五”时期文化发展规划纲要》，专门提到“重视中华优秀传统文化教育和传统经典、技艺的传承”。2007 年，党的十七大提出“弘扬中华文化，建设中华民族共有精神家园”，要求“全面认识祖国传统文化，取其精华，去其糟粕，使之与当代社会相适应、与现代文明相协调，保持民族性，体现时代性”。党的十七届六中全会明确指出“源远流长、博大精深的中华文化，为中华民族发展壮大提供了强大精神力量，为人类文明进步作出了不可磨灭的重大贡献”。还提出“中国共产党从成立之日起，就既是中华优秀传统文化的忠实传承者和弘扬者，又是中国先进文化的积极倡导者和发展者”。

三、文化价值主体性与建设现代化强国

世界各国现代化的基本经验表明，现代化进入高水平阶段，其经济现代化程度大大提高，民族自信心增强，本土文化价值更加彰显，现代化的主体文化特性更强。一个没有文化自体性和文化自信的国家不可能建成现代化强国。一个民族的复兴需要强大的物质力量，也需要强大的精神力量。没有先进文化的积极引领，没有人民精神世界的极大丰富，没有民族精神力量的不断增强，一个国家、一个民族不可能屹立于世界民族之林。文化自信是一个国家、一个民族发展中最基本、最深沉、最持久的力量。文化自信自强，事关国运兴衰、事关文化安全、事关民族精神独立性。

文化自信，是更基础、更广泛、更深厚的自信，是更基本、更深沉、

更持久的力量，中国有坚定的道路自信、理论自信、制度自信，其本质是建立在5 000多年文明传承基础上的文化自信。习近平总书记指出："中华文明5 000多年绵延不断、经久不衰，在长期演进过程中，形成了中国人看待世界、看待社会、看待人生的独特价值体系、文化内涵和精神品质，这是我们区别于其他国家和民族的根本特征，也铸就了中华民族博采众长的文化自信。"[①]"在漫长的历史进程中，中华民族创造了独树一帜的灿烂文化，积累了丰富的治国理政经验，其中既包括升平之世社会发展进步的成功经验，也有衰乱之世社会动荡的深刻教训。"[②] 这就告诉我们，中华优秀传统文化是我们得以坚定文化自信最深厚的底气和骨气，是我们建设现代化强国的基因。

中国共产党带领中国人民实现了中华民族从站起来、富起来到强起来的伟大飞跃，实现中华民族伟大复兴进入了不可逆转的历史进程。进入新时代，我国已全面建成小康社会，实现世界人口规模最大国家的绝对人口脱贫奇迹，成为世界第二大经济体，民族自信大大增强。确立社会主义现代化强国第二个百年目标，必须建立本民族文化主题价值。习近平总书记结合中华民族伟大复兴和离世界舞台中心从来没有这么近这个具体实际，与契合中华优秀传统文化是实现中国式现代化的根和魂，提出马克思主义基本原理与中华优秀传统文化相结合。

实现社会主义现代化和中华民族伟大复兴，不仅是经济社会的变革，更重要的是思想文化的变革。中国式现代化必须改变五四运动以来否定过

---

① 习近平．在敦煌研究院座谈时的讲话．求是，2020（3）：4－7.

② 习近平在中共中央政治局第十八次集体学习时强调：牢记历史经验教训 为国家治理能力现代化提供有益借鉴．人民日报，2014－10－14.

去和反对传统的价值传统，从中华优秀传统文化中提取建设现代化强国的文化基因，进行价值重建，走真正的“中国式道路”。新时代价值革命本质上是文化重建，包括对新时代本质特征及其文化的深刻理解，对中国优秀传统文化的创造性转化和创新性发展，不忘本来、吸收外来、面向未来，真正构筑起中国精神、中国价值、中国力量。站在新的历史起点上，我们要从历史长河中看待文化推动人类文明进步的重要功能，在时代大潮中把握文化引领社会变革的重要作用，在人的全面发展中发挥文化创造美好生活的重要价值。

（一）践行“两个结合”

一是坚持马克思主义理论指导。马克思主义是我们立党立国、兴党兴国的根本指导思想。必须坚持运用辩证唯物主义和历史唯物主义回答时代和实践提出的重大问题。用马克思主义观察时代、把握时代、引领时代。二是坚持和发展马克思主义，必须同中国具体实际相结合。运用马克思主义科学的世界观和方法论解决中国的问题，而不是背诵和重复其具体结论和词句，更不能把马克思主义当成一成不变的教条。必须坚持解放思想、实事求是、与时俱进、求真务实，一切从实际出发，着眼解决新时代改革开放和社会主义现代化建设的实际问题，不断回答中国之问、世界之问、人民之问、时代之问，做出符合中国实际和时代要求的正确回答，得出符合客观规律的科学认识，形成与时俱进的理论成果，更好指导中国实践。三是坚持和发展马克思主义，必须同中华优秀传统文化相结合。中华优秀传统文化源远流长、博大精深，是中华文明的智慧结晶，其中蕴含的天下为公、民为邦本、为政以德、革故鼎新、任人唯贤、天人合一、自强不息、厚德载物、讲信修睦、亲仁善邻等，是中国人民在长期生产生活中积累的宇宙观、天下观、社会观、道德观的重要体现，同科学社会主义价值观主张具有高度契合性。必须坚定历史自信、文化自信，坚持古为今用、推陈出新，把马克思主义思想精髓同中华优秀传统文化精华贯通起来、同人民群众日用而不觉的共同价值观念融通起来，不断赋予科学理论鲜明的中国特色，不断夯实马克思主义中国化时代化的历史基础和群众基础，让马克思主义在中国牢牢扎根。

（二）推动中华优秀传统文化创造性转化、创新性发展

中华文明延续着我们国家和民族的精神血脉，既需要薪火相传、代代守护，也需要与时俱进、推陈出新。传统文化在其形成和发展过程中，不可避免会受到当时人们的认识水平、时代条件、社会制度的局限性的制约和影响，因而也不可避免会存在陈旧过时或已成为糟粕性的东西。要对传统文化进行科学分析，对有益的东西、好的东西予以继承和发扬，对负面的、不好的东西加以抵御和克服，取其精华、去其糟粕，而不能采取全盘接受或者全盘抛弃的绝对主义态度。对历史文化特别是先人传承下来的价值理念和道德规范，要有鉴别地加以对待，有扬弃地予以继承。在学习、研究、应用传统文化时坚持古为今用、推陈出新，结合新的实践和时代要求进行正确取舍，而不能一股脑儿都拿到今天来照套照用。坚持古为今用、以古鉴今，坚持有鉴别的对待、有扬弃的继承，而不能搞厚古薄今、以古非今。努力实现传统文化的创造性转化、创新性发展，使之与现实文化相融相通，共同服务以文化人的时代任务。创新创造是文化的生命所在，是文化的本质特征。当代中国正在进行着人类历史上最为宏大而独特的创新发展，给文化创新创造提供了强大动力和广阔空间。我们要坚持不忘本来、吸收外来、面向未来，在继承中转化，在学习中超越，不断推动

文化创新创造。中华优秀传统文化是中华文明的智慧结晶和精华所在，是我们在世界文化激荡中站稳脚跟的根基。要坚持守正创新，推动中华优秀传统文化创造性转化、创新性发展，为民族复兴立根铸魂。加强对中华优秀传统文化的挖掘和阐发，推动中华优秀传统文化同社会主义社会相适应，展示中华民族的独特精神标识，把跨越时空、超越国界、富有永恒魅力、具有当代价值的文化精神弘扬起来。

（三）建设社会主义文化强国

文化强国是社会主义现代化强国的重要组成部分。要不断推进文化自信自强，传承中华优秀传统文化，建设好中华民族共有精神家园，以中华文化繁荣兴盛为全面推进中华民族伟大复兴提供更为主动、更为强大的精神力量。中国特色社会主义是全面发展、全面进步的伟大事业，没有社会主义文化繁荣发展，就没有社会主义现代化。新时代新征程的使命任务，要求我们把文化建设作为全面建成社会主义现代化强国的重要内容和重要支撑，自觉担负起新的文化使命，大力推动社会主义文化强国建设。文化既是凝聚人心的精神纽带，又是增进民生福祉的关键因素。进入新发展阶段，随着我国社会主要矛盾发生新变化，人们对美好生活的向往越来越强烈，对精神文化生活更加看重，文化需求高品质、个性化的特点更加明显。同时，我国发展已经到了扎实推动共同富裕的历史阶段。共同富裕是全体人民共同富裕，是人民群众物质生活和精神生活都富裕。人民群众改善生活品质、走向共同富裕的新期待，对文化建设提出新的更高要求。这就需要不断满足人民群众多样化、多层次、多方面的精神文化需求，丰富人民精神世界、增强人民精神力量，促进人的全面发展。努力用中华民族创造的一切精神财富来以文化人、以文育人，发展面向现代化、面向世界、面向未来的，民族的科学的大众的社会主义文化，激发全民族文化创新创造活力。

（四）增强文明互鉴

博大精深的中华优秀传统文化是我们在世界文化激荡中站稳脚跟的根基，要加强对中华优秀传统文化的挖掘和阐发，使中华民族最基本的文化基因与当代文化相适应、与现代社会相协调，把跨越时空、超越国界、富有永恒魅力、具有当代价值的文化精神弘扬起来。把优秀传统文化的精神标识提炼出来、展示出来，把优秀传统文化中具有当代价值、世界意义的文化精髓提炼出来、展示出来。用事实回击对中华民族历史的各种歪曲污蔑，为弘扬中华优秀传统文化、增强文化自信提供坚强支撑。拓展世界眼光，深刻洞察人类发展进步潮流，积极回应各国人民普遍关切，为解决人类面临的共同问题做出贡献，以海纳百川的宽阔胸襟借鉴吸收人类一切优秀文明成果，推动建设更加美好的世界。激活中华文明的生命力，让中华文明同各国人民创造的多彩文明一道，为人类提供正确精神指引。在五千年漫长文明发展史中，中国人民创造了璀璨夺目的中华文明，为人类文明进步事业做出了重大贡献。建设文化强国的过程，既是传承弘扬中华文化、增强其生命力和影响力的过程，又是吸纳外来文化文明精华、推动中华文化不断丰富的过程。要坚守中华文化立场，提炼展示中华文明的精神标识和文化精髓，加快构建中国话语和中国叙事体系，讲好中国故事、传播好中国声音，展现可信、可爱、可敬的中国形象，展现中华文明的悠久历史和人文底蕴，促使世界读懂中国、读懂中国人民、读懂中国共产党、读懂中华民族。要深入开展同各国文化交流合作，广泛参与世界文明对话，深化文明交流互鉴，推动中华文化更好走向世界。文明的繁盛、人类的进步，离不开求同存异、开放包容，离不开文明交流、互学互鉴。我们越接近民族复兴的目标，越是国际地位显著提高，就越需要提升国家文化软实力、彰显中华文化影响力，让世界更多的人了解、理解并共享中国价值，为人类文明进步做出新的更大贡献。

第五节

建设农业强国与中国式现代化

全面建设社会主义现代化国家，最艰巨最繁重的任务在农村。党的二十大报告提出“加快建设农业强国”，正是着眼全面建设社会主义现代化国家大局做出的重大决策部署，明确了新时代新阶段农业农村现代化的主攻方向。加快建设农业强国，实现农业产业革命、乡村系统重构和城乡融合发展不仅是解决发展不平衡不充分问题的重要举措，而且是推进农业农村现代化的必然选择，更是全面建设社会主义现代化国家的核心内容和重大任务。土地制度是一个国家最为重要的生产关系安排和一切制度中最为基础的制度。加快建设农业强国，关键是完善农村产权制度，健全农村要素市场化配置机制，不断探索农村土地集体所有制的有效实现形式，以农地制度改革、宅基地制度和集体建设用地制度改革以及城乡统一土地权利体系构筑农业产业革命、乡村系统重构和城乡融合发展的制度基础。

一、建设农业强国是中国式现代化的应有之义

建设农业强国是社会主义现代化新征程中应变局、开新局的基础。农业强国是产业革命、乡村振兴和城乡融合的统一体，涉及农业农村现代化的重要环节，土地制度改革是建设农业强国的突破口。

（一）农业强国是社会主义现代化强国的根本

实现农业农村现代化是中国式现代化的重要任务，没有农业农村现代化，就没有整个国家的现代化。实现农业大国向农业强国的历史性转变成为建成社会主义现代化强国的关键。从国内来看，农业强国是着眼中华伟大民族战略复兴全局的“稳定剂”。改革开放以来，我国“三农”工作取得了显著成就，但是农业农村现代化仍然是中国式现代化的主要短板，农业农村发展基础不稳固、城乡区域发展和收入差距较大等问题仍未根本解决，城乡发展不均衡、农业农村发展不充分仍是我国社会主要矛盾的主要方面。由此，建设农业强国是建设社会主义现代化强国的重点难点，建成农业强国是实现中华民族伟大复兴战略全局的基本盘。从国际来看，农业强国是应对世界百年未有之大变局的“压舱石”。当前，国际环境日趋复杂，不稳定性不确定性日益增加，百年变局与世纪疫情交织叠加，经济全球化遭遇逆流，世界进入动荡变革期。建设农业强国，不仅能够稳住农业基本盘，以国内稳产保供应对外部环境的不确定性，还能够释放巨大活力，以城乡经济循环助推国内大循环，加快形成新发展格局，有效应对世界百年未有之大变局。

（二）农业强国是农业强、乡村兴和城乡融的统一体

农业农村现代化是新时代“三农”工作的总目标，农业强国是农业农

村现代化的具体表现。农业大国向农业强国的转变，意味着农业由大而不强向产业强、乡村由功能失衡向系统重构、城乡由分割对立向融合发展的全面跨越。第一，农业产业革命。农业竞争力是农业强国的基础，没有农业现代化和农业生产率的提高，农业强国就成了无源之水。随着居民消费需求变化、城乡关系调整，农业功能从原来的粮食农业拓展为休闲农业、生态农业甚至文化农业，一二三产业融合的农业新形态正在形成，这些变化孕育着农业产业革命。农业产业革命是农业领域内实现工业化的过程，通过土地、资本、劳动等生产要素重新组合及持续升级，实现农业生产函数的跃迁，由此带来生产效率的提高、规模报酬的递增和农业竞争力的增强。第二，乡村系统重构。乡村是一个由地理空间、经济活动空间、社会关系和制度秩序组成的农民、农地、农业和村落四位一体的系统性结构。推动乡村振兴战略，实质就是要打破单向城市化政策偏向造成的乡村系统功能性失衡，实现从失衡不均到均衡发展的乡村系统重构。乡村系统重构，就是在人、地、业、村多要素联动的基础上实现人力资本提升、观念革新的“人活”，权利更加明晰、配置有效的“地活”，复杂程度更高、更具竞争的“业活”，公私界分明确、秩序重构的“村活”，最终在新的形态、新的功能、新的业态、新的人的组合上进行有效治理，形成以新的村落形态和不同的人、不同的经济活动构成的新的乡村秩序。第三，城乡融合发展。全面建设社会主义现代化国家，既要建设繁华的城市，也要建设繁荣的农村，消除城乡发展不平衡和乡村发展不充分、实现城乡融合发展是建设农业强国的基本城乡形态。城乡融合是城乡转型的一个阶段，在这一阶段城乡边界逐渐模糊，城乡关系由对立竞争转为融合互补，要素的城乡流动将乡村与城市紧密联系在一起，空间的城乡融通将乡村纳入发展主流，基础设施和公共服务的城乡均衡将赋予乡村现代功能，形成城市文明与乡村文明共融共生的城乡新形态。

（三）土地制度改革是建设农业强国的突破口

土地制度是一个国家基础性、根本性、全局性的制度，是构成生产关系和一切经济关系的重要基础，农村土地制度改革是农村改革的主线和建设农业强国的突破口。第一，以农地制度改革推动农业产业革命。在农业转型和农民分化的背景下，集体所有制如何安排会对农地制度的稳定性与权利结构产生根本影响，农民成员权利的保障与处置方式成为处理好农民与土地关系的关键所在，经营权的权利地位、权利内涵和赋权强度等成为推动农业经营规模化、农业经营主体多元化的决定性因素。第二，以农村建设用地改革进行乡村系统重构。在代际革命和乡村分化的背景下，宅基地制度改革成为解决村庄无序扩张乱象、保障农民财产权和从事非农活动权利以及开放外部资本和企业家乡村准入的核心制度安排，集体经营性建设用地制度改革则将为乡村产业发展和村庄活化提供发展空间。第三，以统一土地权利体系实现城乡融合发展。在城乡互动和融合发展的背景下，以征地制度改革扭转单向城市化发展模式，以城市更新中的土地制度创新解决进城农民体面落脚，以城乡建设用地权利平等实现乡村平等发展权，重塑城乡关系。

二、农业产业革命与农业现代化

传统农业社会向现代转型的过程必然经历农业产业革命，然而中国的现代化转型出现快速的工业化和城市化，农业产业革命进程相对滞后。因此，建设农业强国，实现农业的规模化、专业化与现代化成为补齐现代化短板的着力点。土地是农业生产最重要的生产要素，只有通过农地制度变革才能推动农业要素重组与升级，打破农业低水平均衡，实现农业产业革命，促进农业报酬的提高。

（一）农业产业革命与农业要素组合

发达国家农业转型的经验表明，只有实现了农业产业革命才能够提升农业规模报酬与竞争力。农业产业革命是在农业就业份额下降的背景下，以企业家创新才能带动土地、劳动、资本、技术、服务等不同种类生产要素的不断重新组合与持续升级。为了实现赶超目标与结构转型，中国在相当长时期内通过行政力量挤压农业，导致农业就业份额下降远远滞后于产值份额下降，不仅造成人地要素失衡，而且排斥新要素的进入，致使农业要素重新组合受到阻碍，导致农业结构单一、农产品复杂度低，在农业绩效上表现为农产品的成本利润率持续下降。因此，劳动力大量向非农产业转移带来农业就业份额下降为中国农业产业革命提供了窗口期，其关键是以制度变革打破要素组合锁定、减小要素重组摩擦与促进要素组合升级。

（二）土地制度是制约农业产业革命的重要因素

在结构转型与人地关系不断松动的过程中，良好的土地制度安排对于农业要素组合升级有显著促进作用。界定清晰的地权具有稳定性、排他性与可交易性，有助于农地市场的发育，实现经营者与农地要素匹配程度的帕累托改进。土地适度规模化有助于通过改善要素组合，引入农业企业家和提升农业劳动者人力资本，提高农业经济活动与农业产品的复杂度。中国现行的农地制度仍不适应于农业强国建设要求。一是人地关系的权利结构锁定，农地流转合约仍限于本乡本土，耕地流入的经营主体只是规模有所扩大的传统农户，农业要素重组的基础难以改变。二是土地过于分散且单位回报率低，缺乏规模经营基础，新型经营主体进入动力不足，关键农业要素得不到改善。三是土地细碎化与土地浪费问题严重，要素组合效率低下。因此，土地制度变革成为打破要素组合低水平均衡的关键和实现农业要素组合升级的关键。

（三）以农地制度改革推动农业产业革命

以农地三权分置为抓手，推动农地制度变革是解锁人地关系，实现农业要素重组与升级的着力点。一是落实集体农地所有权。保证土地集体所有权人对集体土地依法享有占有、使用、收益和处分的权利，落实集体所有权中发包、调整、监督、收回等权能，构建集体所有权权能实现机制，通过集体经济组织民主议事机制，将集体所有权的知情权、决策权、监督权落实到集体成员，确保农民集体有效行使集体土地所有权，防止少数人的私相授受、谋取私利导致土地浪费、降低地权配置效率。二是稳定农户承包权。保证集体经济组织成员依法公平地获得承包经营权，维护农户占有、使用承包地以及通过转让、互换、出租（转包）、入股或其他方式流转承包地并获得收益的权利，承包土地被征收的农户依法获得相应补偿和社会保障费用等的权利，以及就土地经营权设定抵押、自愿有偿退出承包地的权利，减小土地流转与劳动力转移的摩擦。三是放活土地经营权。按照依法自愿有偿原则，引导农民以多种方式流转承包土地的经营权，赋予土地经营权人对土地经营权的处分权、土地经营权的抵押权等，实现土地经营权权能完善和严格保护，为耕作者提供稳定的农地使用和投资预期。在此基础上发展多种形式的适度规模经营，以农业经营适度规模化、服务规模化、区域种植规模化、市场化促进农业生产方式创新，实现农业规模报酬。

三、乡村系统重构与乡村现代化

农业产业是农业强国的物质基础，乡村系统是农业强国的空间形态，乡村系统重构是建设农业强国的关键所在。中国当下的乡村出现人地业村系统的功能失衡，表现为在城乡互动增强带来人口和资本在城乡间对流的同时，土地资源的配置变化仍显滞后，制约了乡村人地关系的根本转变，影响了乡村业态发展以及村庄形态和功能的转型。只有破除限制土地要素优化配置的制度因素，才能实现中国乡村人、地、业、村系统的重构。

（一）乡村系统与功能失衡

乡村是由人、地、业、村构成的有机系统，人与土地的联系支撑起乡村业态的形成与发展，并通过建立村庄这一制度与秩序装置，来维系人、地、业、村的运行秩序以及乡村内部的有机结构。中国乡村系统出现了严重的功能失衡，其所面临的困局既不同于传统乡村的普遍破败，也不同于集体化时期的乡村贫困和体制低效，而是整个乡村系统受制于现行农村建设用地制度的不匹配而发生的功能性失衡。乡村人口大规模转移没有带来人地关系根本松动，导致乡村业态陷入凋敝以及村庄面貌的破败与无序。与此同时，现阶段城乡互动的持续增强与人口和资本朝向乡村的回流，引发对集体建设用地的新需求。但是，保障回流劳动力的居住权利并满足其从事农外事业的用地需求却难以得到有效回应，由此带来人、地、业、村要素联动的不顺畅，加剧了乡村系统的功能失衡。

（二）乡村建设用地制度是导致乡村系统失衡的根源

在乡村转型过程中，不利于人地关系改变以及土地优化配置的制度安排阻碍人、地、业、村的有机联动，影响乡村系统的运行及其内部功能的调整。一方面，城乡二元土地制度导致农民从事非农建设的权利丧失。为保障城市土地供给而形成的城乡分治的土地制度剥夺农民利用集体建设土地进行非农建设的权利的实际状况没有根本改变，导致部分村庄的非农经济活动萎缩，产业结构趋向单一，进而导致农民的经济机会有限和收入来源单一，造成乡村的持续凋敝。近年来，大量资源和项目的涌入带来乡村产业发展用地需求不断增加，农村建设用地制度的不适应性越发凸显。另一方面，宅基地制度改革滞后导致村庄陷入持续衰败和无序。在宅基地制度安排强成员权、弱财产权的倾向下，农民仅有宅基地使用权而缺乏完整的财产权利，农民更倾向于保有而不是放弃宅基地使用权。由此，乡村出现人走地不动、建新不拆旧等乱象，土地资源不能得到适度集聚和合理利用，乡村呈现出耕地撂荒、房屋空置、公共设施落后等衰败景象。

（三）以乡村建设用地改革推动乡村系统重构

推动权利开放、功能开放的农村建设用地改革，是促成乡村系统重构、实现村庄形态转变的重要途径。一是以城乡建设用地权利平等保障乡村产业发展空间。在符合用途管制和相关规划的前提下，实现城市国有建设用地与农村集体建设用地权利平等，使集体建设用地享有抵押、出租和转让的权利，以保障城乡空间的发展平衡，给予乡村更多的用地权利，逐步开放农民和集体经济组织利用集体建设用地从事非农建设的通道，吸引人口和资本等要素回流乡村，促成乡村经济逐渐活化以及乡村产业日渐复兴。二是赋予农民宅基地完整财产权。明确宅基地财产权利内涵，从转让、抵押和获取收益等多方面拓展宅基地的产权权能，赋予农民更完整的宅基地财产权，促成宅基地的财产权益得到实现，打破现有宅基地细碎化的困境，加速宅基地流转、整合与优化配置，促进村庄形态转变。三是改革宅基地的无偿分配与取得制度。促进国家公权力和村庄自治权的协调配合，实现宅基地的有效治理，在此基础上探索实现宅基地有偿使用的机制，细化并规范宅基地取得制度。落实成员一户一宅的基本居住权利，采用时点划断的方法，对时点之前占有宅基地的集体成员沿用无偿分配方法，对时点之后取得成员资格的农民的宅基地通过有偿方式获得。四是不断开放宅基地使用权。不断推动宅基地朝向外来人口和资本有序开放，打破宅基地只能集体内部流转的制度限制，解除乡村的封闭性，回应人口和资本下乡所引起的用地需求。探索并拓展宅基地多元化的使用方式，显化与释放宅基地和农村房屋的价值，解决宅基地闲置、利用率不高的难题，吸引资金和资源参与乡村建设。

四、城乡融合发展与乡村振兴

在向城乡融合阶段迈进的过程中，中国城乡关系失衡的状况仍未发生根本性转变。二元土地制度下城乡发展权利不平衡，是城乡失衡和城乡差距的主要原因。针对土地制度的缺陷和制约，应当以城乡统一的土地权利体系打破土地制度对城乡要素流动的制约，促进城乡人口、产业和空间的重新布局，实现城乡融合发展。

（一）城乡融合进程中的城乡关系失衡

随着中国城市化进程的加深，城乡要素流动也更加频繁，农民与乡土的黏度逐渐降低，要素流动逐渐由从乡到城的单向流动转变为城乡互动，中国已经进入迈向城乡融合的新发展阶段。在这一阶段，中国城乡关系失衡的问题仍然存在。一是乡村人口凋敝。大规模乡村劳动力迁移到城市地区，乡村劳动力流失造成农业劳动力的不足，出现严重的土地弃耕和抛荒现象，乡村振兴乏人可用。二是乡村经济发展滞后。农业复杂度不高和要素组合受阻，农业回报和竞争力不足，乡村功能窄化导致乡村经济活动简单化，乡村价值被低估，城乡收入差距虽有缩小但仍有较大差距。三是城乡空间分割。城市建成区边界随着城市扩张速度放缓而趋于稳定，乡村空间出现不同程度的空心化与衰而未亡的现象，城乡形态处于各处一域的分割状态，县城作为城乡连接带未起到城乡融合载体的作用。

（二）城乡关系失衡的制度根源

中国独特的城乡二元土地制度既是结构转型和经济增长的助推器，也是城乡关系失衡的重要原因。一是土地用途管制限制了农村建设发展权。为保护耕地，我国采用了严格的用途管制，被政府征用为国有土地成为农地转为非农用途的唯一途径。其结果是农村产业发展缺少建设用地，农民及外来投资者难以使用土地开展建设，丧失了产业发展的权利。二是农村集体建设用地产权残缺限制了农民财产权。集体建设用地无法合法入市、宅基地产权权能残缺，不仅致使农民最主要的资产无法变为资本，出现村庄日益凋敝的问题，而且在快速的城市化、通货膨胀带来城市居民住房财产大幅升值的背景下，造成了城乡居民的财产性收入差距进一步扩大的趋势。三是农村土地产权残缺阻碍了城市资本下乡。农村土地房屋资产还不是普遍认可的合法抵押物，处置变现较难，农村土地产权的残缺，导致城市投资者无法获得稳定的土地产权，阻碍了城市资本下乡。同时，农村产权主体多元，金融机构开展农村产权抵押融资风险大，带来对农民贷款利率高，进一步导致农民群众利用农村产权进行抵押担保的积极性不高。

（三）以统一土地权利体系实现城乡融合发展

伴随城乡互动的到来，资本、人才、技术甚至产业已经在城乡之间对流，促使土地从乡村向城市单向配置的土地制度必须进行改革。城乡统一土地权利体系既要实现土地资源的高效配置，又要实现乡村平等发展权。一是改革征地制度，合理配置土地收益。保证农民土地开发权益和土地归公收益，按照土地级差收益形成原理在国家、集体和农民个人之间公平分配土地增值收益。二是城乡建设用地的权利平等，保障乡村发展空间。在符合规划和用途管制前提下，农民集体建设用地与国有建设用地享有同等的权利，集体经济组织和农民可以利用集体建设用地从事非农建设，享有出租、转让、抵押建设用地的权利。三是建立集体建设用地入市配套制度，促进乡村产业发展。鼓励集体建设用地使用权人在符合规划的前提下，通过自主开发、公开转让、参股合作等多种形式开发集体建设用地，建立集体建设用地用于工业、公益事业的补偿机制，完善吸引社会资本、金融资本参与集体建设用地开发利用的政策措施，探索集体建设用地使用权抵押融资的有效途径。四是建立全国性建设用地指标交易市场，提高贫困地区农民收入。借鉴重庆地票与成都指标交易的经验，以农民及其集体为供给主体，在全国性的指标交易平台上，将节余指标跨省公开交易、按规划落地使用，协调城乡、区域之间的指标需求，提升贫困地区的财产性收入。五是构建宅基地有偿使用与退出制度，显化农民财产性收入。建立宅基地有偿使用和退出制度，赋予农民充分的宅基地转让权，通过宅基地的跨区域转让、有偿使用和有偿退出，吸引人才、促进乡村的重新整合和人口的适度集中居住，探索宅基地向集体经营性建设用地转化的途径。六是构建城乡统一规划体系。将城市和乡村纳入统一的规划体系，重视乡村在区域经济发展中的功能和定位，以城乡融合的尺度做好区域规划，引导人口、资本和土地等要素在城乡之间的双向互动。

第二章

中国式现代化道路

第一节 先发者的现代化道路

一、欧洲的新文明形态出现

在近代世界到来之前，人类文明的基本形态是农业文明，农业社会的物质、精神、制度等特征支撑了农业文明的存续和演化。与同时期的各大文明相比，欧洲在中世纪大部分时间处于落后状态。1500 年前后，在欧洲发生了一连串事件，推动了这一区域的文明转化，为新文明的诞生开辟了道路。现代化从欧洲开启，英国率先走上了现代化发展道路。钱乘旦对欧洲现代化进程中出现的新文明形态进行了概括，主要包括人的解放、民族国家的形成、地理大发现与商业精神的形成三个方面①。

一是人的解放。没有人的解放，就不会诞生现代社会。与之前被神、制度、环境等力量束缚相比，现在人们相信自己可以凭借理性行为改造自然环境，也能改变社会环境。第一，庄园制的解体。在欧洲漫长的中世纪庄园制度下，农奴被土地所束缚，他们的基本经济活动就是在庄园从事劳

① 钱乘旦．世界现代化历程：总论卷．南京：江苏人民出版社，2015.

役以及在份地上从事农活。农奴制限制了人们的人身自由，阻碍了劳动力从农业向非农业部门的转移。除非有办法从庄园逃脱，否则他们根本无法摆脱庄园制度的束缚。人类史上的一些偶然事件往往成为改变路径依赖的重要因素，黑死病就是这样一种偶然事件。14 世纪中期，黑死病从中亚发端，由意大利的商船带到其他地方，迅即席卷整个欧洲。约 1/3 的欧洲人口在这场黑死病中被夺去性命。黑死病造成的人地关系改变带来制度的改变。黑死病席卷过后，随着生产的恢复，大量的田地无人耕种，领主们无法再沿袭劳役制度，只得改为土地出租方式，大量农奴转为租地农民。土地制度改变，带来农奴制度的瓦解，一些未被解放的农奴大量逃亡。租佃制度也随之发生改变，货币地租逐渐成为主要形式，原来的劳役租被折算成货币租，促进了人口的流动，农奴不断摆脱原来的人身束缚状态。到 16 世纪时，农奴制在英法等国彻底解体，农村市场兴起并不断扩大。资本主义在较早取消农奴制的地区最先发展，促进了现代化的最早起步。第二，文艺复兴。文艺复兴于 14 世纪在意大利发轫，并向欧洲各国扩展。文艺复兴时期的作品是人文主义精神的集中体现，这一思潮主张个性解放，反对中世纪的禁欲主义和宗教观，倡导科学文化精神，反对蒙昧主义的影响，试图摆脱教会对人的思想的束缚。它反对神权，肯定人权，摒弃一切权威和传统教条。它拥护中央集权，反对封建割据。这一时期的人文主义者高度重视人和人的价值，强调享受现世，主张理性主义，打破了基督教禁欲主义的压抑，使人性欲望得到释放，以人为中心的文化模式得以确立，为确立西方启蒙思想打下了重要基础。第三，宗教改革。16 世纪的宗教改革运动以马丁·路德的“九十五条论纲”为起点，迅速拓展到西欧和北欧。在那些新教取得胜利的地区，人们通过阅读《圣经》跟上帝交流，根据各自的不同理解来释义《圣经》，宗教态度和方式的转变使人们得到了自由思想的权利。各派新教都不承认教皇权威，由此引发人们对天主教会束缚的摆脱。宗教改革打开了自由思想之门，不同观点可以争论，彼此互相尊重。宗教改革也改变了神权与政权的关系，使教会不可能再凌驾于国家之上，两者的地位发生根本性改变。宗教改革还使许多国家的民族凝聚性增强，民族意识在新宗教教义中得到认同，为民族国家的形成提供了基础。

二是民族国家的形成。民族国家的形成对于欧洲的现代化举足轻重。没有民族国家的形成，就不会有欧洲近代社会的转型。民族国家成为欧洲现代化的重要载体。欧洲在封建社会时期，既没有民族概念，也没有民族国家理念。中世纪的欧洲只有领地没有“国家”。欧洲近代社会的基本架构是：领地作为政治基础，庄园是其社会单元。人隶属于领地，依附于庄园，效忠于领主。分封的土地是人们身份认同的基础，同一封地上的人具有非常强的认同感。王权的演变创造了现代国家形态——民族国家。到了中世纪末期，欧洲呈现向民族国家过渡的趋势，建立专制王权是这一转型的标志。从现代化演进来看，专制王权是民族国家的早期形式，成为欧洲近代社会的起点。欧洲许多地区相继建立起专制体制，率先立于现代社会的起跑线。正是专制王权强制性地将疆域内的人民整合于一体，组成了一个个民族。每个民族受同一政府统治，在一起经历各种事件，形成相同情感，达成共同的身份认同。国家以民族为支撑将疆界封闭，谋求各自的发展。从此，各地区中世纪时基本平衡的社会经济状况拉开了差距，不同地区之间甚至形成彼此的竞争，已经形成民族国家的地区在竞争中胜出。这种态势迫使后进地区也纷纷建立民族国家，民族国家成为基本形态。以领地、庄园为支撑的中世纪政治、社会结构逐渐瓦解，由此带来民族国家间的竞争日趋白热化。为了争夺土地、资源、人民，谋取各自的生存与发展，民族国家之间甚至以征战为竞争方式，天下从此不得太平。人类社会从中世纪的贵族战争转变为国家间的战争。后者的战争规模之大，战斗之激烈，与前者完全不是一个数量级。民族国家之间的竞争成为基本的格局。

三是地理大发现与商业精神的形成。地理大发现是欧洲走向现代的重要推动力。葡萄牙和西班牙是地理大发现的先驱者，也最早成为强大的国家。远洋探险需要巨额资金，政府的大力支持为先发民族国家的扩张提供了保证。葡萄牙由于没有向大陆发展的实力，且自身发展的空间受限，只好将向大洋探险作为唯一出路，对外扩张成为葡萄牙的国家行动，且长达几百年之久。葡萄牙国王对航海活动的倾力支持，为新航路的发现和开辟打下了基础。葡萄牙的探险成功对西班牙产生了巨大刺激，于是跟着效仿。在西班牙国王的支持下，哥伦布于 1492 年率领一支船队横渡大西洋。这一探险发现的美洲新大陆，成为地理大发现的标志性成果。从此，世界各部分为人类所知，世界成为一个整体，各文明圈开始形成互动。在这种互动中，欧洲从此走上了人类历史舞台的前台，其他几个文明圈被抛到后面。文明的分野和发达程度的差异，促使西方国家开始全球扩张，开展海外殖民活动。新航路的开辟也促进了资本主义萌芽，引发了一场前所未有的商业革命。海外贸易的发展促进了欧洲的资本流通、贸易发展，其量级远超之前任何一个时代。商业不再仅仅为了满足国王和贵族的需要，商业的功能发生重大改变，市场交易成为人们获得日常生活所需物品的重要方式，商业的结构和组织方式也发生重大改变，货币与信贷体系纷纷建立与普及。贸易发展还促进了商品生产活动。欧洲兴起了一种新的商业风气，并逐渐发展成商业精神。随着商业发展和商品交易范围的扩大，重商主义转向重工主义，社会重心从商业活动转向生产活动。这种转变最早在英国和法国出现，标志着两国最早走上工业化道路。

小结一下，1500年前后欧洲发生的一系列事件，为一种新文明开辟了道路，酝酿了欧洲的现代化土壤。从中世纪晚期开始，农奴制解体、文艺复兴和宗教改革，促进了人摆脱各种束缚而获得解放。原本落后的欧洲凭借冒险和进取精神，转变为世界进步的弄潮儿和引领者。民族国家的出现为欧洲现代化提供了基础性制度保障，为经济发展与社会转型奠定了基础。商业精神创造出新的价值理念，农业文明开始瓦解，那些出现现代化趋势的国家在发展水平上走到了世界其他地区的前面，现代化从此率先在欧洲起步。

二、先发国家的现代化道路

尽管先发国家的现代化道路各不相同，但是具有一些共同特征，即克服专制王权、开启政治现代化和发生产业革命[①]。

一是克服专制王权。经济起飞是现代化的标志，政治结构变革是经济起飞的重要前提。从先发国家的现代化历程来看，能够实现经济起飞的国家必然是统一的、独立自主的和克服了个人专制的。传统国家往往只能做到其中两个条件——统一和独立，然而真正克服专制王权才是决定经济起飞和现代化转型的根本条件。

必须承认，专制王权在某些特定时候和特定情况下能够促进经济发

① 钱乘旦．世界现代化历程：总论卷．南京：江苏人民出版社，2015.

展。尤其在一个国家经济发展的早期，专制王权能够通过中央集权制度确保国家按照既定的一致的目标前行，这对于国家谋求经济发展十分重要。从欧洲国家的历史进程来看，专制王权在某些特定情况下确实起到了促进经济发展的作用，也确实为资本主义的出现做出了必要的准备。在14至15世纪的欧洲国家，君主为了增加国家财富、扩大工商业规模和满足人民需要，试图在中等阶层支持下以中央集权制度来促使国家秩序中的各类组织或者利益集团（包括教会、封建贵族等）服从君主权威。他们通过完善的国家机构、行政系统以及司法和财政体系维持社会秩序，对经济活动和阶级关系进行调整。欧洲国家的君主还奉行重商主义政策，通过开拓海外贸易来推动国家经济发展。在国内，通过鼓励和推动制造业发展来提升国内商品生产能力；在国外，依靠持有君主特许经营权授权的法人组织（例如英国东印度公司和荷兰东印度公司）开拓殖民地市场。掌握专制王权的君主在国内国际政策上的得当性，促进了国内生产能力发展，同时也开拓了海外商品销售市场，建立起一个重商主义的经济发展循环，促进了这一时期的经济发展。

但是，专制王权却无法带来经济起飞和真正的现代化转型。原因就在于，经济发展并非君主的真正目的，只是掌握专制王权的君主达成自己利益的附属品。诺斯的“国家悖论”就讨论了这一点。在他看来，专制王权在任何时期都可能做一些有利于国家发展的事情，只要这些事情符合自身的利益；但是，如果这些事情违背自身利益，则是断然不会被君主推行的。反过来说，如果这些事情符合自身利益而不利于国家发展，同样有可能被推行。进一步讲，专制王权鼓励制造业和开拓海外市场，主要是为了增加君主收入，而这些收入往往被用于挥霍、战争以及维护贵族特权，由此会造成国家破产的恶果。拥有专制王权的君主，甚至会利用限制创建组织的权力或者设置特许经营权等非经济手段来攫取收入，这很显然非常不利于经济发展。正如韦伯所指出的："哪里的法规具有独裁、极权特征，哪里的法规就在很大程度上直接阻碍资本主义精神的形成。"① 专制王权国家的重商主义政策尽管可以促进工商业发展，但不能形成资本主义精神。克服专制王权是走向真正现代化的重要制度安排。要实现这一目标，必须要有合适的国内外情势，各个国家因为自身情况的不同，在克服专制王权的过程中出现了不同的遭遇，由此衍生出不同的现代化路径和时序。

二是开启政治现代化。纵观先发国家现代化的历史事实，各国虽然有不同的现代化道路，但是在工业革命之前通常会通过各自不同的方式完成政治变革，以政治现代化引导工业革命和经济现代化。布罗代尔提出过一个问题："在英国，一切都是自发进行的，宛如天造地设一般，而这正是世界上第一场工业革命所提出的引人入胜的问题，这场革命也是现代历史最大的断口。它到底为什么发生在英国呢?"② 从历史事实的分析中不难发现，英国率先发生工业革命的原因，根本在于最早克服了专制王权，通过光荣革命实现了政治变革和民主秩序的建立。17 世纪的英国，专制王权促进经济发展的历史作用已经完成，君主利益与国家利益产生了冲突。正如前文所分析的，君主为了维持自己的统治不惜完全凌驾于国家和民族利益之上。暴力革命把都铎王朝的君主送上了断头台，建立了共和国。然而，斯图亚特王朝的复辟表明，暴力并没有解决全部问题。正是光荣革命实现了英国从专制王权向君主立宪的转变，英国的君主立宪制先进于欧洲大陆

---

① 韦伯．新教伦理与资本主义精神．黄晓京，彭强，译．成都：四川人民出版社，1986：137.

② 布罗代尔．资本主义的动力．杨起，译．北京：生活·读书·新知三联书店，1997：73.

国家的君主专制制度，为工业革命的发生创造了权利开放的政治和秩序环境。历史证明，哪个国家先克服专制王权进而通过制度化权利开放实现政治现代化，哪个国家就可以实现持续发展，走在其他国家前面。在人类现代化的过程中，英国正式率先克服专制王权，实现政治现代化，由此促成了工业革命，领先世界走上了现代化道路。

三是发生产业革命。率先克服专制王权和开启政治现代化，使得英国成为当时世界上最自由、最宽松的国家，这样的环境为英国人追求思想自由、技术进步和财富积累提供了条件。技术变革率先发生在供需矛盾最为突出的棉纺织行业，以动力问题为核心的技术变革推动了纺织行业的机械化，也推动了英国社会进入工业化时代。蒸汽机的发明和大规模使用，不仅使蒸汽取代人力成为生产的主要动力，也推动了工厂制度的诞生，由此大大提高了劳动生产率。至 19 世纪中叶，英国成为世界工厂，工业品畅销全世界，物质财富空前增加，英国由此进入工业化社会。1860 年，英国生产的工业品占到世界的 40%～50%。工业革命中的新技术大多数在英国发明，英国在世界其他国家均处于传统农业生产阶段的时候就已经创造出了前所未有的现代工业，英国的空前繁荣和快速经济发展完全得益于工业社会和农业社会之间天壤之别的生产力差距。英国的成功使其成为其他国家模仿的对象。英国的专家、工业技术和资本像潮水一般涌入欧洲大陆和美国，将这些国家也携入现代化的浪潮。

三、先发者现代化模式

欧美国家的现代化启动于工业化，工业化的发展又促成了现代社会的形成。随着现代化进程的演进，欧美国家社会各个方面随之而发生变化直至形成一个比较成熟的现代社会。基于此，欧美国家形成了工业化启动的经济、政治、社会、意识形态和国际关系一体的先发者现代化模式①。

一是现代经济。肇始于 19 世纪六七十年代的第二次工业革命，将世界从蒸汽时代带入电气时代。第二次工业革命的技术进步，不仅使得发达资本主义国家的工业总产值超越农业总产值，而且带来了电气、化工和石油等新兴工业部门的蓬勃发展以及工业部门本身的革新和转变。发电机的发明实现了电能和机械能的互换，推动了电气产品在生产生活中的广泛应用；内燃机的发明解决了交通工具的发动机问题，1885 年内燃机驱动汽车的出现带来了汽车工业的勃兴，汽车年产量暴增，内燃机车、远洋轮船、飞机等迅速发展。与此同时，内燃机相关产品的广泛应用促进燃料油需求猛增，推动石油开采业和石油化工工业的产生与发展。全世界石油产量猛增。随着电气时代的来临，电话和无线电报相继出现，世界各国通过这些技术实现了更为紧密的联结。不仅如此，传统工业部门的技术革新也在蓬勃发展。19 世纪 80 年代起，从煤炭中提取各种化学产品的技术开始出现，塑料、人造纤维等发明并投入生产生活。冶炼技术不断改进提增了钢的质量和数量，英国、德国和美国的钢产量显著增加。

二是现代政治。英国是现代政治的发源地，光荣革命之后以议会民主、政党政治和官僚体制为主要内容的现代政治制度逐渐萌芽并走向成熟。

第一，议会民主。君主立宪制之下的英国，贵族通过选举中的席位配置占优、选举权控制以及选举手段腐败而将国家政权揽在手中。工业革命

---

① 钱乘旦．世界现代化历程：总论卷．南京：江苏人民出版社，2015.

后新生的工厂主阶级和工人阶级完全没有政治权利，难以适应现代经济持续发展的需要。1832 年、1867 年和 1884 年的三次议会改革逐步实现了授予中等阶级选举权，由此削弱了贵族的政治基础，扩大了选举权授予范围，使得大多数工人阶级获得了选举权，乃至实现了成年男子普选权。取消议员财产限制和实行议员带薪制度，则打开了工人阶级竞选议员的大门。1918 年的议会法案授予年满 30 岁有产妇女选举权，1928 年的议会改革实现了 21 岁以上英国公民有权利参加选举的议会选举民主制。法国尽管在 1830 年实行了君主立宪制，但是国王依然拥有行政权和部分立法权，大臣对国王而不是议会负责，选举权的获得也受到年龄、性别和财产的严格限制，宪法规定的思想、言论、集会等自由有名无实。1870 年九月革命之后，法国逐步确立了共和国政体，民主力量随着旧势力的瓦解得到巩固。德国议会制发展得更为缓慢，1871 年完成统一后的德意志第二帝国实行全体成年男子普选帝国国会的制度，但是帝国首相掌握着国家行政权，帝国皇帝掌握着军事指挥权，政府不对国会而是对皇帝负责。因此，德意志第二帝国实行的实际上是披着议会民主制外衣的专制政体，这种政体将德国引入了第一次世界大战。同时，欧洲其他国家也出现民主化趋势，比如奥地利 1896 年实行了成年男子普选制，俄国 1905 年由沙皇发表《十月宣言》承诺建立国家杜马，民主制在欧洲相继发展起来。

第二，政党政治。政党组织是政治发展和现代化的结果，民主宪政之下政党组织普遍出现。现代政治的主要特征是政治参与的扩大化，而政党组织是现代政体下参与政治的必需工具，原因不仅在于结成组织能够帮助议员们在议会政治中协调行动进而增大力量，而且在于政治家们还可以通过政党组织向广大选民推介自己的候选人。政党是在近代议会民主制度的基础上形成的，选举权的扩大使得活动于议会内的政治派别不得不走出议会，在全国各地建立起选举委员会，这些选举委员会演变为全国性组织时第一批现代政党就出现了。时至今日，政党已经成为现代政治的核心，政治参与、政治决策和政治影响只有通过政党才能实现。

第三，官僚体制。传统社会的经济、政治、社会活动相对简易，工业革命之后国家管理任务日益加重，官僚体制改革势在必行。比如最早进行工业化的英国，率先进行了官僚体制改革。1850—1870 年的英国文官改革清除了吏治方面的许多弊端，构成了现代文官体制的基础。在司法制度方面，1873 年颁布的《司法条例》通过统一司法体系、简约司法手续和降低司法费用克服了原有司法制度的弊端，使得司法成为国家公权的重要构成部分。更为关键的是，这一时期持续的司法改革使得法律意识和法治观念逐渐普及进而深入人心，英国由此进入现代法治社会。总的来讲，这一时期的官僚体制改革，使得国家机关和国家职能向专业化和分工化方向发展，无所不知、无所不能、包揽一切的国家机器不复存在，政府之外的政党、企业、社团等现代组织也在社会治理中发挥着不可替代的作用。

三是现代社会。现代社会的重要特征是流动性，社会流动性暗含着人的自由迁徙、阶层跃迁，这为每一位社会成员创造了平等的社会机遇。从结构上来看，高水平的城市化成为先发国家现代化的主要特征。在现代社会中，个人的成就主要依靠自己而不是他人，个人凭借能力和努力而不是社会背景和人际关系来达成成就目标。教育成为现代社会的关键因素，进入现代社会的欧美发达国家在教育上取得了很高的成就，尤其是使高等教育从精英教育转变为大众化教育。人彻底摆脱了来自宗教、宗族等神学或者类神学的精神控制和人身控制，开始通过自己的眼光观察世界、认识现实，通过独立的思考对外部世界做出理性判断。

四是现代意识形态。在先发国家的现代化过程中，意识形态起到了关键的作用。近代以来勃兴而渐成主流的理性主义、科学主义、保守主义、自由主义、民族主义、进化论、民主理念和社会主义等思想，构成了先发国家现代化的思想观念支撑。例如：理性主义崇尚理性，认为人们必须按照理性的指导安排好自身的生活，处理好个人与社会和自然的关系。科学主义提倡观察和实证，在观察、实验和研究的基础上进行科学提炼，进而概括总结客观规律。进化论就是在理性主义和科学主义的基础上诞生的。进化论在人类社会上的应用，一方面对后发国家起到了振聋发聩、催促发展的积极作用，但另一方面又成为种族优越论者用“先进”淘汰“落后”的借口。

五是现代国际关系。现代化有先发者和后来者的区别，但绝不是在一国范围内的现象，而是一种全球现象。因此，现代国际关系对于现代化来说尤为重要。19 世纪中叶之前，欧洲国家普遍属于奉行国家主义的民族国家，这些国家通过和约建立了一个既保持本国独立性又协调国际关系的相对均势的国家体系，这一国家体系在建立后的一个世纪内，保证了欧洲局势处于和平的状态。19 世纪中叶之后，第二次工业革命改变了各个民族国家之间的相对实力对比，均势国家体系不断受到冲击，国际关系结构随之发生重大变化。不仅如此，欧美主要资本主义国家在完成工业革命之后的对外殖民扩张，直接将尚未启动工业化和现代化进程的亚非拉和大洋洲纳入现代世界经济体系之中，由先发者主导的以现代化为主要方向的现代国际关系完成了从民族国家、区域再到全球的转变。

第二节
中国式现代化道路探寻

中国式现代化道路探寻有以下两个主要特征：

一是历史发展的独特性。尽管中国现代化进程从晚清帝制瓦解起步，但是，任何一个国家的现代化都不可能割断历史而发展，我们必须先了解中国在现代化启动前的体制特征。自秦王朝统一以来，中国的历史发展就形成了自己十分独特的逻辑，即所谓“王朝循环”周期律。在每个周期，尽管皇权易主，但传统的政治、经济、社会、观念、价值等体制依然不变。支撑这一体制的结构是底部的乡村秩序和顶部的中央集权制，前者的支柱是自给自足的小农经济与农工互补的经济结构以及村社非正式治理制度，后者是维持体制运转的官僚系统。皇朝内部的分裂或来自底层的农民起义导致朝代更替。这种前现代模式在人类史上独一无二，它一方面在政治上保证了中国前现代长期的大一统，在文化上积淀了悠久的价值和基因传承，为中国在前现代独领风骚和保持超稳定打下了基础。另一方面也导致亘古不变的内源性自足维持与唯我独尊的世界中心主义。这种独特性带来的路径依赖决定了中国的现代化之路最初不可能单单由外来因素来推动，真实的情形是，这些外来因素内生的异质性所带来的不确定性，必然导致中国现代化进程中尖锐的冲突与反复的曲折。这也给中国现代化研究者带来非常大的困难，使他们不可能运用现成的方法来把脉中国的发展模式。中国的现代化模式不等同于任何外国模式，中国有它自己独特的发展路径①。

二是革命方式与模式的不断转换。鸦片战争以来，中国发生的变革尽管错综复杂且扑朔迷离，但其中心脉络只有一个：从传统向现代转型。中国现代化的启动始于与日本明治维新同时的洋务运动，但是，日本走的是西方资本主义型发展道路，模式一经选定，就一直沿着这条道路走下去，整个现代化进程是扩张型的阶梯式推进，一直保持平稳发展。与之形成鲜明对照，中国的现代化采取的是革命方式，路径是波折式的，不断出现模式变换，发展道路极为不平坦，呈现出发展模式上的独特性。

现有研究按照革命方式和模式转换，将中国的现代化进程划分为中国现代化运动初始阶段（19 世纪下半叶至 20 世纪初）、革命阶段（1911 年至 1949 年）以及 1949 年以来的新秩序确立和发展阶段②。

1. 洋务运动—百日维新—预备立宪

19 世纪下半叶到 20 世纪初的半个世纪，被视为中国现代化运动的初始阶段，是旧王朝体制主导下通过自我改革探索资本主义发展的时期。西方资本主义在这一时期对中国的渗透还十分有限，清朝的皇权体制结构受太平天国运动的沉重打击而出现松弛。在内忧外患下，洋务派开始兴办官办军工企业，建设新海军，兴办官办、官督商办、民办资本主义企业。洋务运动未触及原有政治体制，缺乏推动现代化的领导核心，尤其是缺乏体制改革的力量。甲午战争中，北洋舰队全军覆没，标志着洋务运动的失

① 罗荣渠．现代化新论：世界与中国的现代化进程．北京：商务印书馆，2004.
② 罗荣渠．现代化新论：世界与中国的现代化进程．北京：商务印书馆，2004.

败。洋务运动基本上是一场在“中学为体，西学为用”思想指导下御侮图强的改革运动。甲午战争失败后，中国转而学习日本，开展变法维新的尝试，但并不成功。中国在军事上建立起仿效日本模式的新军，在政治上学习德国和日本的钦定立宪运动，但并没有沿着君主立宪制的道路进行下去，因而也没有像 19 世纪下半叶德国、日本那样走上资本主义现代化道路。清王朝未能实现从专制王权制向君主立宪制的革命性转变，最后注定被辛亥革命所推翻。

2. 1911 年辛亥革命到新中国成立前

在这近 40 年间，中国的有效治理缺失，国家能力不足，现代化进程处于自发状态，在窄缝中断断续续推进。辛亥革命推翻了延续两千多年的封建君主专制制度，建立了共和制度，实现了国家体制结构与现代化模式的第一次转轨。但是，辛亥革命并不是西方资产阶级革命的简单移植，中国的资产阶级因其软弱性并未取得政权。从辛亥革命到 1949 年新中国成立前，中国花了近 40 年时间谋求现代体制下的国家统一和新的政治结构，以重新确立中央国家的重心。在寻找新体制秩序的进程中，中国的现代化模式深受 20 世纪上半叶世界体系分野的影响。世界经济危机导致法西斯主义兴起，德、日、意转向法西斯资本主义道路。第一次世界大战带来俄国脱离资本主义世界体系，创造了社会主义体制下的现代化模式。世界格局的重大变化直接影响了中国内部发展道路的抉择。1927 年国共两党反对帝国主义和封建军阀的统一战线破裂，决定了中国只能通过革命建构新秩序。国民党和共产党形成中国两条发展道路的斗争：前者以城市为中心，代表城市资产阶级和乡村地主阶级的利益，以此建构德国式的现代化发展道路；后者以农村为据点，代表工农利益，仿效俄国式的发展道路。国民党尽管建立了新的军事政权，但它并未形成支撑现代国家建构的国家能力，内部的军阀割据使其难以建立西方发展模式的精英秩序，外部又受到日本侵略的致命威胁。中华民族陷入自鸦片战争以来最深重的国家危机。有意思的是，辛亥革命引发的权力秩序变革带来政治与经济互动模式的改变，内外控制的放松反而为民间资本主义的发展提供了机会，经济现代化加快。1914—1924 年间，中国出现了一次短时间的工业化浪潮。沿海资本主义商业化、都市化有明显进展①。

3. 新中国成立与新体制秩序的确立

新中国成立结束了中国近百年的内部衰败化与半边缘化，第一次实现了国家的高度政治统一与社会稳定，标志着中国现代化运动进入一个新的历史时期。中国不仅力图实现国家的独立自主发展，而且选择了一条非资本主义的现代化道路。改革开放后，中国进行了从封闭式的现代化向开放式的现代化的重大转变，从计划经济转向市场经济，从进口替代转为出口导向，从单一经济成分转为多种经济成分，真正开启了中国式现代化。

中国走向现代世界的探寻充满长期性和曲折性，呈现出落后国家从传统社会向现代工业社会转变的艰巨复杂性，也形成中国现代化的独特性。事实上，任何国家的现代化都不是直线式的转换。比如西方国家在工业革命前经历的早期城市化、商业化、世俗化和思想启蒙运动就长达数世纪之久。拉丁美洲 19 世纪初通过独立战争赢得独立后，经历了大半个世纪的战乱，才逐步走上现代国家建构的轨道，但至今也还没有走向成熟的现代化。中国从传统向现代转变的现代化进程的探索，其背后实质上是从传统

---

① 白吉尔．中国资产阶级的黄金时代（1911—1937 年）．张富强，许世芬，译．上海：上海人民出版社，1994；丁日初．近代中国的现代化与资本家阶级．昆明：云南人民出版社，1994.

走向现代的路径之争，即保守主义与激进主义之争。中国近代史一直贯穿着革命与改良之争，在中国现代化范式中革命起到决定性的历史作用，这是研究中国现代化时要引起高度重视的。

中国的现代化面临的民族危机和国家重建危机，是中国历史上从未有过的。辛亥革命之所以爆发，在于清王朝的彻底腐败。五四运动之所以产生激烈的反传统，是由于其面对的是传统文化的全面崩溃与民族的全面危机。革命带来的激进也成为我们现代化进程中必须防范的因素，正如邓小平指出的，“我们都是搞革命的，搞革命的人最容易犯急性病。我们的用心是好的，想早一点进入共产主义。这往往使我们不能冷静地分析主客观方面的情况，从而违反客观世界发展规律。中国过去就是犯了性急的错误”[①]。与民族危机平行发展的是国家重建危机，即王朝国家结构解体后如何重建现代国家的问题。中国的国家重建不是一个简单地从世袭君主制转变为共和制的问题，而是要实现整体体制秩序的重构，它与资产阶级民主制有本质区别。西方早期现代化国家可以在一个长过程中逐步解决国家重建问题，而中国作为后发国家要实现工业化、民主化、福利化与国家重建的同步推进[②]。这种同步推进更是加剧了革命思潮的激进，带来中国现代化进程的曲折。这是我们在实现现代化征程中要记取的。

---

① 邓小平．邓小平文选：第3卷．北京：人民出版社，1993：139-140.
② 罗荣渠．现代化新论：世界与中国的现代化进程．北京：商务印书馆，2004.

第三节

中国式现代化的动力与方式

一、中国式现代化的独特动力

通过体制建构和不断的制度变革来实现一个后来者的现代化赶超。

1. 以新民主主义制度促进农业国的转型

中国共产党将近代中国的危机归结为半殖民地半封建的社会性质，为了改变旧中国积贫积弱的状况，就必须“变更现在的殖民地、半殖民地、半封建社会的地位”①。1939 年 12 月，毛泽东界定了中国革命的新民主主义性质，即“现时中国的资产阶级民主主义的革命……是新式的特殊的资产阶级民主主义的革命……我们称这种革命为新民主主义的革命”②。“在经济上是把帝国主义者和汉奸反动派的大资本大企业收归国家经营，把地主阶级的土地分配给农民所有，同时保存一般的私人资本主义的企业，并不废除富农经济”③。1940 年 1 月，毛泽东阐述了新民主主义的经济形态，即“在无产阶级领导下的新民主主义共和国的国营经济是社会主义的性

① 毛泽东．毛泽东选集：第 2 卷．2 版．北京：人民出版社，1991：650.
② 毛泽东．毛泽东选集：第 2 卷．2 版．北京：人民出版社，1991：647.
③ 毛泽东．毛泽东选集：第 2 卷．2 版．北京：人民出版社，1991：647.

质，是整个国民经济的领导力量，但这个共和国并不没收其他资本主义的私有财产，并不禁止‘不能操纵国民生计’的资本主义生产的发展”①。在农村，“一般地还不是建立社会主义的农业，但在‘耕者有其田’的基础上所发展起来的各种合作经济，也具有社会主义的因素”②。同时，“将采取某种必要的方法，没收地主的土地，分配给无地和少地的农民”③，而“农村的富农经济，也是容许其存在的”④。1947 年 12 月，毛泽东描述了新民主主义的经济结构，即“总起来说，新中国的经济构成是：（1）国营经济，这是领导的成分；（2）由个体逐步地向着集体方向发展的农业经济；（3）独立小工商业者的经济和小的、中等的私人资本经济。这些，就是新民主主义的全部国民经济”⑤。1948 年 9 月，毛泽东给出了新民主主义各种经济成分的关系，即“这个国家是无产阶级领导的，所以这些经济都是社会主义性质的。农村个体经济加上城市私人经济在数量上是大的，但是不起决定作用。我们国营经济、公营经济，在数量上较小，但它是起决定作用的。我们的社会经济的名字还是叫‘新民主主义经济’好”⑥。1949 年 1 月，毛泽东强调了新民主主义经济的体制中特征，即“一方面，决不可认为新民主主义经济不是计划的、向社会主义发展的，而完全是资本主义世界。另一方面，必须谨慎，不能急于求社会主义化”⑦。中国共产党在革命胜利前后进行了新民主主义制度建构。七届二中全会制定的新民主主义政

① 毛泽东．毛泽东选集：第 2 卷．2 版．北京：人民出版社，1991：678.
② 毛泽东．毛泽东选集：第 2 卷．2 版．北京：人民出版社，1991：678.
③ 毛泽东．毛泽东选集：第 2 卷．2 版．北京：人民出版社，1991：678.
④ 毛泽东．毛泽东选集：第 2 卷．2 版．北京：人民出版社，1991：678.
⑤ 毛泽东．毛泽东选集：第 4 卷．2 版．北京：人民出版社，1991：1255－1256.
⑥ 中共中央文献研究室．毛泽东文集：第 5 卷．北京：人民出版社，1996：139.
⑦ 中共中央文献研究室．毛泽东年谱（1893—1949）（修订本）：下卷．北京：中央文献出版社，2013：432.

策包括：没收官僚资本归人民共和国所有，建立并大力发展社会主义性质的国营经济；利用、限制私人资本主义经济；通过土地改革变地主土地所有制为农民土地所有制，接着“谨慎地、逐步地而又积极地”[①] 引导农民逐步向合作化和集体化方向发展；实行对外贸易的统制。通过新民主主义制度的选择与建构，破除半殖民地半封建经济结构，积累经济结构中的社会主义因素，以此为社会主义经济结构的建立奠定物质基础和条件，实现从农业国到工业国的转变。

2. 以社会主义制度和计划经济体制推进国家工业化

新中国成立后，随着国民经济的迅速恢复和国际环境的变化，以毛泽东同志为核心的党的第一代中央领导集体决定走自己的路、以四个现代化实现对发达国家的赶超，选择了以重工业为导向的国家工业化发展战略。为了实现赶超、实施重工业导向的国家工业化，以及受社会主义理想和目标的牵引，1953 年毛泽东放弃了他亲自设计的新民主主义社会方案，提前向社会主义过渡，在建立社会主义制度后建立起集中的计划经济体制。第一，通过三大改造基本确立社会主义制度。1952 年 9 月毛泽东形成关于过渡时期总路线的基本思想。1953 年 12 月，毛泽东提出：“从中华人民共和国成立，到社会主义改造基本完成，这是一个过渡时期。党在这个过渡时期的总路线和总任务，是要在一个相当长的时期内，逐步实现国家的社会主义工业化，并逐步实现国家对农业、对手工业和对资本主义工商业的社会主义改造。”[②] 1954 年 2 月党的七届四中全会后社会主义改造正式实施。一是对个体农业的社会主义改造，采取从互助组到初级合作社、再到高级

① 毛泽东．毛泽东选集：第 4 卷．2 版．北京：人民出版社，1991：1432.
② 中央文献研究室．毛泽东传：第 3 册．北京：中央文献出版社，2011：1228.

合作社的农业合作化。二是对个体手工业的社会主义改造，采取由手工业生产合作小组到手工业供销合作社、再到完全社会主义的手工业生产合作社的过渡。三是通过公私合营改造资本主义工商业。到1956年，中国基本上实现了对农业、手工业和资本主义工商业的社会主义改造，拔除了几千年支撑乡土中国的制度根基，在一个经济文化比较落后的东方大国成功实现了从新民主主义到社会主义的转变，建立了社会主义制度。第二，建立社会主义计划经济体制。社会主义制度确立之后，为了尽快获取国家工业化战略所需的资本积累，中国共产党选择了高度集中的计划经济体制来进行四个现代化建设。主要内容为：取缔资本主义经济和私人经济，实行单一的社会主义公有制；实行单一的按劳分配制度；实行高度集中的计划经济体制，取缔商品和市场，制定国家计划；实行农业集体化，确立了“三级所有、队为基础”的集体所有制。社会主义计划经济体制的建立为推动国家工业化提供了体制基础。

3. 以社会主义市场经济体制改革推进中国式现代化

高度集中的计划经济体制严重阻滞了社会生产力的发展，造成普遍的贫困，与先发国家的差距越拉越大，陷入“被开除球籍”的危险。党的十一届三中全会拉开改革大幕，开启了社会主义市场经济体制改革实现中国式现代化的伟大历程，中国特色社会主义思想成为推进中国式现代化的指导思想。1978年12月，党的十一届三中全会确立了解放思想、实事求是的思想路线。1982年9月，党的十二大提出“建设有中国特色的社会主义”[①]。1984年10月，党的十二届三中全会提出社会主义经济“是在公有

---

① 中共中央文献研究室．十二大以来重要文献选编：上．北京：人民出版社，1986：3.

制基础上的有计划的商品经济”①。1987 年 10 月，党的十三大明确提出我国将长期处于社会主义初级阶段。

社会主义初级阶段的制度框架：一是坚持和完善社会主义公有制为主体、多种所有制经济共同发展的基本经济制度。党的十五大提出公有制为主体、多种所有制经济共同发展是我国社会主义初级阶段的一项基本经济制度，党的十六大提出毫不动摇地巩固和发展公有制经济和毫不动摇地鼓励、支持和引导非公有制经济发展，党的十七大进一步提出“坚持平等保护物权，形成各种所有制经济平等竞争、相互促进新格局”②。二是坚持和完善社会主义市场经济体制。我国的经济体制改革经历了计划经济为主、市场调节为辅，社会主义有计划的商品经济，计划与市场内在统一等体制演进，党的十四大确立了社会主义市场经济体制改革的目标模式，党的十四届三中全会进一步提出了社会主义市场经济体制的基本框架，十五大到十六届五中全会把发展市场经济、实现经济市场化同社会主义初级阶段结合，推动社会主义市场经济体制改革取得突破性进展，党的十七大提出更好发挥市场在资源配置中的基础性作用。三是要坚持和完善按劳分配为主体的多种分配方式，允许一部分地区一部分人先富起来，带动和帮助后富，逐步走向共同富裕。逐渐把按劳分配和按生产要素分配结合，健全劳动、资本、技术、管理等生产要素按贡献参与分配的制度和体制，兼顾公平和效率，保护合法收入，调节过高收入，取缔非法收入，整顿分配秩序，逐步扭转收入分配差距扩大趋势。

社会主义初级阶段的确立和社会主义市场经济体制改革的深化，调动

---

① 中共中央文献研究室．十二大以来重要文献选编：中．北京：人民出版社，1986：568.
② 中国共产党第十七次全国代表大会文件汇编．北京：人民出版社，2007：25.

了各方面、各主体的积极性，提高了资源配置效率，为推进中国式现代化提供了制度保障。

4. 以中国特色社会主义制度体系构建建设社会主义现代化强国的制度根基

十八大以来，党中央坚持社会主义市场经济改革方向，不断推进社会主义市场经济体制的发展和完善，对社会主义所有制结构和市场经济体制关系、市场和政府关系两个基本问题做了多方面改革。明确以公有制为主体、多种所有制经济共同发展的基本经济制度，是中国特色社会主义制度的重要支柱，也是完善社会主义市场经济体制的必然要求；坚持和完善社会主义基本经济制度，就要毫不动摇地巩固和发展公有制经济，毫不动摇地鼓励、支持、引导非公有制经济发展，推动各种所有制取长补短、相互促进、共同发展。市场在资源配置中起决定性作用和更好发挥政府作用，这两个方面不是相互排斥或相互否定的，而是相互契合和有机统一的。党的十九大确立了习近平新时代中国特色社会主义思想作为中国共产党指导思想的地位，坚持加强党对经济工作的集中统一领导，坚持以人民为中心的发展思想，坚持适应把握引领经济发展新常态，坚持使市场在资源配置中起决定性作用、更好发挥政府作用，坚持把推进供给侧结构性改革作为经济工作的主线，坚持问题导向部署经济发展新战略。

二、中国式现代化的独特方式

1. 中国共产党的独特特质和作用

一个国家的现代化需要有强大的国家能力。中国共产党以其非凡的组织和领导特性充当了国家现代化进程中这一举足轻重的角色。一是独特的价值理念。争取民族独立、人民解放和实现国家富强、人民幸福，是近代以来中华民族面对的两大历史任务。中国共产党自成立之日起就肩负起“为中国人民谋幸福，为中华民族谋复兴”的历史使命。正是这一使命感，使中国共产党在充满荆棘的现代化征程中，克服难以想象的风险、挑战、难题，改变了中国一向被称为一盘散沙、四分五裂、各霸一方的局面，创造出举世瞩目的现代化奇迹。二是独特的组织力。通过严密的组织程序将社会中的优秀分子吸纳进党内，靠独特的选贤任人和培养机制保证这些优秀分子的成长和施展能力的空间。与西方竞选政党体制不同，中国的政党制度保证了中国共产党在领导国家现代化和发展谋局中的核心地位，但是如何保持党在决策中的正确性和“确保党不变质、不变色、不变味”①，成为中国共产党能否保持组织优势的关键。前者依靠民主集中制的创造，解决了一个组织的议事决事难题；后者依靠自我监督和自我净化保持组织的生命力，避免“家族化”“派系化”。习近平总书记总结道，“勇于自我革命是中国共产党区别于其他政党的显著标志”，“始终坚持党要管党、全面从严治党”，“确保我们党在世界形势深刻变化的历史进程中始终走在时代前列，在应对国内外各种风险挑战的历史进程中始终成为全国人民的主心骨！”② 三是卓越的领导力。中国共产党通过把马克思主义和中国实际相结合，通过纲领、道路、路线、方针、政策，以问题为导向，坚持发展是硬道理，发展为了人民，从而形成把党员组织起来、把人才凝聚起来、把群众动员起来的强大凝聚力，形成推动现代化的强大领导力。

---

① 《改革开放简史》编写组．改革开放简史．北京：人民出版社，中国社会科学出版社，2021：334.

② 习近平．在庆祝中国共产党成立100周年大会上的讲话．人民日报，2021-07-02.

2. 基于超大人口规模的中国国情

影响一国现代化成败的最大制约因素是国情。各国现代化探索的失败或是因为在现代化的起点上忽视本国国情，或是因为在现代化的进程中脱离本国国情。中国的现代化是在涵养了几千年农业文明的超大人口规模基本国情下的转型。如何在正视人地关系基本国情下摆脱过重的乡土黏度是中国式现代化中最为繁难的问题。一方面，中国共产党十分重视“三农”问题，把农民问题放在稳定与发展的关键位置，尤其重视土地问题在中国现代化中的中心地位。革命时期通过土地革命改变传统的农民与地主关系，让农民获得土地，既取得了政权也赢得了农民；在取得政权后通过土地改革调动广大农民积极性，为农业生产恢复和农业合作化打下制度基础；在改革时期通过家庭联产承包制改革和承包权的长期稳定，为农村稳定和农业生产提供制度保障；在新时代实行农村土地三权分置改革和城乡统一的土地市场建设，为农业农村现代化打下基础。随着现代化的推进，逐步推进城乡统筹，增加农业农村在国家投入中的比重，着力破除城乡二元体制，解决农民社保、医疗、养老问题，推进城乡公共服务均等化。另一方面又利用中国独特的土地制度谋发展，努力摆脱土地对农民的束缚，促进中国式工业化城市化进程。例如：允许农民利用集体土地创办乡镇企业，打开乡村工业化为农民从事非农就业和增加收入的通道；利用低价土地创办园区，形成世界工厂，为农民跨地区流动和分享工业化的成果提供环境；利用土地资本化加速城市化，促进农民的城市化进程和中国从乡土中国向城乡中国的历史性转型。

3. 走自己的路

世界各国经验表明，只凭简单的制度和模式移植无法顺利实现一个国家的现代化。中国的现代化是一个寻路、探路和筑路的进程，最后走出了一条中国特色社会主义的现代化道路。

在革命时期，中国共产党领导的革命多次面对“左”倾或者右倾的问题。1927年8月后，中国革命面临两条道路的选择：一条是照搬照抄俄国十月革命模式，走城市中心暴动的道路；一条是根据中国的具体国情，保留俄国革命武装暴动的灵魂并结合中国实际，走“农村包围城市、武装夺取政权”的中国革命道路。以毛泽东同志为核心的党的第一代中央领导集体将马克思主义基本原理与中国具体国情结合，走出一条“农村包围城市、武装夺取政权”的中国革命道路，为中国式现代化打下政权基础。

在建设时期，新中国成立后，如何实现社会主义革命，怎样领导国家建设，是摆在全党面前的一个全新而艰巨的任务。作为人类历史上第一个社会主义国家，苏联开展社会主义建设的历史经验无疑成为我们学习借鉴的首选。但是，苏联模式的弊病和问题也对我国经济建设造成了损失。毛泽东于1956年2月25日明确提出“要打破迷信”，“完全应该比苏联少走弯路”[①]。苏共二十大上赫鲁晓夫对苏联社会主义建设模式的缺点和错误的揭露加速了中国共产党人对中国自己的社会主义建设道路的探索，从“以苏为师”转变为“以苏为鉴”，结合中国的发展阶段和独特性，建立起完整的工业体系，为中国式现代化打下了物质基础。“文革”结束以后，以邓小平同志为核心的党的第二代中央领导集体，深刻洞察和把握和平与发展时代特征，准确判断中国国情，带领全党全国各族人民深刻总结我国社会主义建设正反两方面经验，借鉴世界社会主义历史经验，做出把党和国

① 中央文献研究室．毛泽东传：第4册．北京：中央文献出版社，2011：1438.

家工作重心转移到经济建设上来、实行改革开放的历史性决策，深刻揭示了社会主义本质，确立了社会主义初级阶段基本路线，明确提出走自己的路、建设中国特色社会主义。以江泽民同志为核心的党的第三代中央领导集体面对“红旗还能打多久”、中国共产党向何处去、中国特色社会主义道路能否走下去的质疑，强调“中国的社会主义既不是苏联模式，也不是东欧模式，而是有中国特色的社会主义。走这条道路，是中国人民经过一百多年的奋斗与探索作出的历史性的抉择”①。以胡锦涛同志为总书记的党中央，面临经济结构不合理、增长方式不科学、环境资源有限性制约发展、分配不合理等矛盾和问题，提出以人为本的科学发展观和“五位一体”总体布局，回答了“实现什么样的发展、怎样发展”的时代命题，“毫不动摇走党和人民在长期实践中开辟出来的正确道路，不为任何风险所惧、不为任何干扰所惑”②，取得了探索实践中国特色社会主义道路的新突破。以习近平同志为核心的党中央高瞻远瞩，对新时代中国特色社会主义发展做出战略安排，取得脱贫攻坚战的全面胜利和全面建成小康社会的伟大历史性成就。

4. 依靠人民、为了人民

习近平总书记指出：“江山就是人民、人民就是江山，打江山、守江山，守的是人民的心。”③ “人民既是历史的创造者、也是历史的见证者，既是历史的‘剧中人’、也是历史的‘剧作者’。”④ 中国共产党干革命、搞

① 中共中央文献研究室．江泽民思想年编（1989—2008)．北京：中央文献出版社，2010：69.

② 全党全国各族人民更加紧密地团结起来 沿着中国特色社会主义伟大道路奋勇前进．人民日报，2012-07-24.

③ 习近平．在庆祝中国共产党成立100周年大会上的讲话．人民日报，2021-07-02.

④ 中共中央文献研究室．十八大以来重要文献选编：中．北京：中央文献出版社，2016：127.

建设、抓改革，都是依靠人民、为了人民。中国式现代化也是依靠人民、为了人民。革命时期通过解决农民土地问题赢得人民，取得了政权。建设时期依靠人民，保障了国家工业化战略的实施。改革时期充分发挥人民群众的智慧和力量，激发广大人民群众的创造性。新时代坚持以人民为中心的发展立场，实现消除绝对贫困和全面建成小康社会的伟大奇迹。现代化的本质是人的现代化，共同富裕是中国特色社会主义的本质要求。中国式现代化始终把人民利益摆在至高无上的地位，把带领人民创造美好生活作为始终不渝的奋斗目标，坚持把实现好、维护好、发展好最广大人民根本利益作为出发点和落脚点，让发展成果更多更公平惠及全体人民，不断满足人民群众日益增长的美好生活需要。中国式现代化目标和宗旨是为了人民。我们在现代化进程中，通过改革、区域扶贫、精准扶贫创造了消除世界上最大规模绝对贫困人口的伟大奇迹，通过坚持不懈的现代化实现全面建成小康社会，通过中国式结构转变路径加快了农业转移人口市民化进程。中国式现代化注重人的全面发展，新中国成立之初，我国80%的人口是文盲，适龄儿童小学入学率不足20%，到2020年，全国共有普通高校2 738所，各种形式的高等教育在学总规模4 183万人，高等教育毛入学率达到54.4%。新中国成立时，我国人均预期寿命仅有35岁，2019年，我国人均预期寿命达到77.3岁，城镇居民人均预期寿命超过80岁，居民主要健康指标优于世界中高收入国家平均水平。社会保障制度逐步建立，覆盖面持续扩大，多层次社会保障体系不断健全。到2021年，基本医疗保险覆盖13.6亿人，基本养老保险覆盖10.3亿人。

第三章

中国式现代化的独特性

现代化是人类历史上最剧烈、最深远、最彻底的社会变革。长期以来，由于文化和历史传统不同，时空和环境条件不同，介入的人和事不同，思想方法和解决方案不同，故而现代化在各国、各地区呈现出较大的差异，形成了不同的现代化模式和道路①。近代以来，面对生死存亡的民族危机，无数仁人志士投身于探索现代化的救国救民之路中，历经寻路之辛、忍受探路之痛、体验筑路之苦，终于开辟出了一条适合中国国情、体现中国特色、彰显中国风格的社会主义现代化发展道路，使中华民族屹立于世界的东方。面对当今世界"百年未有之大变局"，立足新时代的历史定位，强化对中国式现代化独特性的系统性研究，对于巩固我国的制度优势，提升我国现代化模式在世界现代化进程体系中的竞争力和影响力，进一步增强我们的道路自信、理论自信、制度自信和文化自信，都有着极为重要的现实意义和实践价值。

第一节

以党的领导作为政治保障

在现代国家的政治体制中，政党是永远绕不开的关键议题。政党是上

① 刘守英．中国式现代化的独特路径．经济学动态，2021（7）：12－21．

层建筑的重要组成部分。一方面，国家层面需要以政党为依托整合政治资源，组建政府机构，进而制定并推行施政纲领，进行相关建设；另一方面，社会层面需要以政党为核心凝聚社会力量，形成社会共识，进而保障民众参政议政渠道顺畅。由此可见，政党在现代国家发展过程中扮演着重要角色，发挥着关键作用。对我国而言，中国共产党诞生于近代中国内忧外患的危难时刻，代表中国最广大人民的根本利益，是由具有救亡图存意识的仁人志士组成的“战斗团队”，在建军治国等伟大历史进程中，中国共产党始终发挥着总揽各方的关键作用，这与西方现行的议会制政党有着本质区别。也正因如此，中国式现代化从源头上看呈现出鲜明的“政党主导”特征。历史和现实均证明，没有中国共产党的领导，中国发展前进的方向将缺乏政治保障，进而中国式现代化也将无从谈起。

一、坚持中国共产党的领导是现代化建设的根本要求

中国的现代化建设为什么要由中国共产党来领导？这是中国进行现代化建设首先要思考的重大理论问题之一。马克思曾给出过现成的答案：“无产阶级在反对有产阶级联合力量的斗争中，只有把自身组织成为与有产阶级建立的一切旧政党不同的、相对立的政党，才能作为一个阶级来行动。”① 在此基础上，列宁在领导俄国革命斗争，总结革命经验的过程中也强调：“革命无产阶级的**独立的**、毫不妥协的马克思主义政党，是社会主义胜利的唯一保证，是一条通向胜利的康庄大道。”② 由此可见，单靠工人阶级自身并不能够直接实现解放，想要实现这一宏伟的历史使命则必须建

① 马克思，恩格斯．马克思恩格斯文集：第 3 卷．北京：人民出版社，2009：228.

② 列宁．列宁全集：第 9 卷．2 版增订版．北京：人民出版社，2017：257.

立革命政党，在党的领导下开展革命斗争，这是无产阶级的革命导师们在理论与实践相结合的基础上经过反复论证所得到的重要结论。这一结论同样适用于中国革命、建设和改革的现代化历程。具体来看，主要体现在以下三个方面：

首先，党的领导加速了工人阶级的思想启蒙。马克思主义理论认为，工人阶级的发展大致经历了“自在的阶级”和“自为的阶级”两个阶段。“居民第一次划分为两大阶级，这种划分直接以分工和生产工具为基础。”[①]这就使得无产阶级成为“自在的阶级”。然而，这种由于经济条件所造成的划分还并不足以达到“自为的阶级”阶段。想要实现这一转变，就需要工人阶级内部率先觉醒起来的先进分子秉持着阶级解放的伟大理想，超越个人私利，以阶级利益为重，同时放弃单打独斗，团结起来组成无产阶级革命政党，以科学社会主义理论为指引，在工人中开展教育，传播知识，促进工人群体的思想启蒙，提升其理论水平和阶级觉悟，使其能够认清资本主义的本质，进而奋起抗争，实现中国工人阶级从“自在的阶级”向“自为的阶级”的转变。在革命时期，以毛泽东、刘少奇、李立三等为代表的共产党人通过开办夜校、思想宣传、文体活动等形式开展教育工作，传播马克思列宁主义的基本知识，不仅提升了工人及其家属的文化水平，而且强化了工人的革命意识，促进了阶级觉悟的觉醒，提升了工人阶级的斗争意识与能力，为工人运动的开展奠定了思想基础。

其次，党的领导重构了工人阶级的组织框架。在资本主义制度体系下，国家机器均掌握在资产阶级手中，无产阶级则“一无所有”到只能出

① 马克思，恩格斯．马克思恩格斯选集：第1卷．3版．北京：人民出版社，2012：184.

卖劳动力。同时，资本主义生产方式下工人阶级始终处于“一盘散沙”的状态，被资本家强迫劳动所剥削，始终处在社会“底层”，过着赤贫的生活，无法团结成整体。因此列宁在总结革命经验时指出：“无产阶级在争取政权的斗争中，除了组织，没有别的武器。”① 在这样的社会环境下，只有共产党才能把工人阶级和广大劳动人民组织团结起来，让他们“慢慢懂得了受剥削、受压迫的根源，认识到，要想同资本家、帝国主义作斗争，非团结起来、组织起来不可”②，形成思想一致、组织完备的统一体，增强凝聚力，形成战斗力，同舟共济，共同为了民族独立和现代化建设而努力奋斗。

最后，共产党肩负了革命发展的前进方向。科学社会主义理论认为：“共产党人为工人阶级的最近的目的和利益而斗争，但是他们在当前的运动中同时代表运动的未来。”③ 无产阶级推翻资产阶级，实现人的自由全面发展是一场规模空前且任重道远的革命斗争。国际共产主义运动的经验教训表明，只有以科学社会主义为指导的共产党才能够科学研判国内外的发展形势与现状，厘清社会各阶层之间的相互关系，进而对阶级力量的对比产生清晰的认知，在此基础上制定出符合本国发展实际的路线、方针和政策，并在斗争实践中因地制宜，采取灵活的斗争策略，准确把握革命方向，在革命进程中肩负起领导职责，成为无产阶级取得革命胜利的根本保证。

综上所述，中国共产党在思想启蒙、组织框架以及前进方向等多方面

---

① 列宁．列宁全集：第 8 卷．2 版增订版．北京：人民出版社，2017：415.

② 中共萍乡市委《安源路矿工人运动》编纂组．安源路矿工人运动：下册．北京：中共党史资料出版社，1991：994.

③ 马克思，恩格斯．马克思恩格斯文集：第 2 卷．北京：人民出版社，2009：65.

都起到了至关重要的作用，是中国工人阶级革命能够取得成功的重要保障。离开了党的正确领导，不仅民族独立始终无法实现，社会主义现代化建设也将成为空中楼阁。

二、坚持中国共产党的领导是经济发展的根本保障

为什么会说没有中国共产党就没有新中国，更没有中国的现代化发展道路？为什么中国的资产阶级没有能够带领中华民族走出一条独立发展的道路？想要回答这些问题，需要回顾中国近代百年探索的历程，“只要我们深入了解中国近代史、中国现代史、中国革命史，就不难发现，如果没有中国共产党的领导，我们的国家、我们的民族不可能取得今天这样的成就，也不可能具有今天这样的国际地位”[①]。鸦片战争以后，为了改变落后就要挨打的局面，农民阶级、地主阶级、资产阶级等社会各阶层均走上了探索救亡图存真理的道路，却始终未能如愿。但是，中国共产党不仅带领中华民族实现了民族独立，还立足实际展开了社会主义建设，中华民族迎来了从站起来、富起来到强起来的伟大飞跃。

首先，中国共产党带领中国人民站起来。鸦片战争以后，中国封闭的国门被迫开启，开始逐步沦为半殖民地半封建社会。为了挽救统治，清朝政府开始了以“中学为体，西学为用”为指导思想的洋务运动，中国的资产阶级也由此诞生。洋务运动失败后，以维新派为代表的资产阶级登上历史舞台，掀起了一场维新变法运动，希望通过资产阶级的改良，在中国建立君主立宪的资产阶级性质的政治体制。然而，由于实力过于弱小且缺少

---

① 中共中央党史和文献研究院．习近平关于总体国家安全观论述摘编．北京：中央文献出版社，2018：32.

组织动员能力，这项变法仅仅维持百天便宣告失败。随后，民族资产阶级革命派发动辛亥革命，终结了封建君主专制体制，宣布了中华民国的成立。然而在新生的民国中军阀混战，社会动荡依然普遍存在，中国半殖民地半封建的社会性质并未改变，这就使得诞生于这样社会性质的民族资产阶级生来具有两面性："他们在受外资打击、军阀压迫感觉痛苦时，需要革命，赞成反帝国主义反军阀的革命运动；但是当着革命在国内有本国无产阶级的勇猛参加，在国外有国际无产阶级的积极援助，对于其欲达到大资产阶级地位的阶级的发展感觉到威胁时，他们又怀疑革命……必定很快地分化，或者向左跑入革命派，或者向右跑入反革命派，没有他们'独立'的余地。"[①] 这也是为什么中国的民族资产阶级无法进行彻底的革命，从而带领中国走上独立自主道路的主要原因。中国共产党担负起了领导中国式现代化的历史使命。新文化运动的开展推动了中华民族先进知识分子的意识觉醒，而俄国十月革命的胜利又为中国送来了马克思列宁主义。在两者的共同作用下，1921 年中国共产党正式宣告建立。中国共产党自诞生之日起，便以改变中国积贫积弱的悲惨命运为己任，以实现民族独立、人民幸福、国家富强为使命，深深扎根于中国革命的伟大实践之中，带领中国人民高举反帝反封建的旗帜，从小到大，由弱变强，历经艰苦奋斗，击败了外国侵略者，推翻了压在中国人民身上的帝国主义、封建主义和官僚资本主义"三座大山"，建立了新中国，成功开辟了一条通过武装斗争，争取民族独立和人民解放的发展道路。

其次，中国共产党带领中国人民富起来。新中国成立后，中国共产党

---

① 毛泽东．毛泽东选集：第 1 卷．2 版．北京：人民出版社，1991：4.

带领中国人民迅速投入到经济恢复的战斗之中，提出了过渡时期总路线，为新民主主义革命向社会主义革命的过渡奠定了经济基础。在苏联的援建下，通过“一化三改”，实现了对农业、手工业和资本主义工商业的社会主义改造，中国这个人口超 6 亿的大国顺利实现了向社会主义的过渡，建立了高度集中的计划经济体制，并在党的领导下开始探索独立自主的社会主义建设之路，取得了显著成效，形成了齐全的工业门类和完备的产业体系，奠定了社会主义现代化建设的物质基础。1978 年党的十一届三中全会的召开标志着中国进入了改革开放和社会主义现代化建设新时期。对内进行经济体制改革，以农村家庭联产承包责任制为先导，以国企改革为重点，构建社会主义市场经济体制；对外逐步进行开放，着力构建“经济特区—沿海开放城市—沿海经济开发区—内地”的多层次、宽领域、有重点的对外开放新格局，并随着 2001 年加入 WTO，推动我国经济不断向前发展。其间虽历经政治风波、经济风险和自然灾害的洗礼等，但党领导中国人民迎难而上，使社会主义制度重新焕发了生机与活力，保障了社会主义现代化建设的平稳进行，实现了从站起来到富起来的历史跨越。

最后，中国共产党带领中国人民强起来。党的十八大以来，面对错综复杂的国内国际环境，以习近平同志为核心的党中央继续高举中国特色社会主义伟大旗帜，通过全面加强党的领导和党的建设，在实现“两个一百年”奋斗目标和中华民族伟大复兴的征程中，带领全国人民顽强拼搏、开拓进取，解决了很多长期困扰中国发展的难题，中国国家治理体系和治理能力现代化进程也不断加快，中国共产党领导和我国社会主义制度的优势进一步得到彰显。2021 年我国国内生产总值突破 110 万亿元，按年平均汇率折算达到 17.7 万亿美元，对世界经济增长的贡献率达到 25%；人均国内生产总值已突破 1.2 万美元，全年全国居民人均可支配收入 35 128 元，同比增长 9.1%；城镇新增就业 1 269 万人，参加城乡居民基本医疗保险人数超 10 亿人①。在党的坚强领导下，“十三五”规划目标全面完成，开启了全面建设社会主义现代化国家的新征程，中华民族正朝着伟大复兴的目标稳步前进。

三、坚持党的领导是建设社会主义现代化强国的有力支撑

“雄关漫道真如铁，而今迈步从头越。”目前，中国共产党已经带领全国人民完成了全面建成小康社会的第一个百年奋斗目标，开启了全面建设社会主义现代化国家的新征程。可以说，“我们比历史上任何时期都更接近、更有信心和能力实现中华民族伟大复兴的目标”②。站在这一关键的历史节点上，一方面，我国国内产品、产业、区域、城乡等方面的不平衡发展问题依然存在，新冠肺炎疫情影响下因疫返贫、因病返贫以及相对贫困人口的精准识别问题仍是摆在当前的一项重要工作；另一方面，世界正面临百年未有之大变局，国际环境日趋复杂，地缘冲突明显加剧，新冠肺炎疫情的肆虐更是对世界经济的发展产生了巨大冲击，全球通胀“高烧不退”，不确定性预期进一步强化。国内外复杂形势的相互交织使得我们每前进一步都将对未来产生深远影响。在“两个大局”下，面对未知的风险与挑战，我们决不能在根本性、原则性问题上犯颠覆性错误。具体来看，要坚持贯彻党的全面领导，回应时代诉求；要坚持从严治党，保证党的先

① 国家统计局．中华人民共和国 2021 年国民经济和社会发展统计公报．(2022-02-28)[2022-04-27]. http://www.gov.cn/shuju/2022-02/28/content_5676015.htm.

② 习近平．在庆祝中国共产党成立 100 周年大会上的讲话．人民日报，2021-07-02.

进性和纯洁性。将两者统一于党勇于自我革命的魄力之中，在不断地自我净化、自我完善、自我革新和自我提高之中提升党的执政能力水平，完善党的领导制度体系，这是决定未来将怎样保证继续成功的根本所在。

要坚持贯彻党的全面领导，回应时代诉求。“党政军民学，东西南北中，党是领导一切的。”① 坚持党的全面领导是现代化百年历程中总结出来的重要经验，同时也是确保中国式现代化继续蓬勃推进的根本保证。党的十八大以来，“以习近平同志为核心的党中央，以伟大的历史主动精神、巨大的政治勇气、强烈的责任担当……推动党和国家事业取得历史性成就、发生历史性变革”②。这是中国式现代化必须坚持党的全面领导的最好见证，同时也是我们不断取得成功的根本遵循。可以说，以“为中国人民谋幸福、为中华民族谋复兴”为初心和使命的中国共产党，顺应了时代发展诉求。进入新时代，中国人民在党的坚强领导下持续创造新的发展成就，中国式现代化开辟了更为光明的发展前景。在新时代的奋斗中，不断完善党的全面领导制度，提升党的科学执政、民主执政、依法执政水平，既是进一步巩固党的领导地位、维护党的领导权威、增强党的领导能力的必然举措，同时也是充分发挥中国特色社会主义制度的内在优势，建设社会主义现代化强国的有力支撑，反映了全党全军全国各族人民的共同期望。

要坚持从严治党，保证党的先进性和纯洁性。全面从严治党是党始终保持肌理健康和具备强大战斗力的重要保证，同时也是党始终保持初心不改、理想不移的核心利器。习近平总书记指出：“推动全面从严治党向纵

---

① 中国共产党第十九届中央委员会第三次全体会议文件汇编．北京：人民出版社，2018：47.

② 中共中央关于党的百年奋斗重大成就和历史经验的决议．人民日报，2021－11－17.

深发展，把全面从严治党的思路举措搞得更加科学、更加严密、更加有效，确保党始终同人民想在一起，干在一起，引领承载着中国人民伟大梦想的航船破浪前进，胜利驶向光辉的彼岸。”① 新时代以来，中国式现代化的发展取得了一系列新的成就，顺利实现了第一个百年奋斗目标。但这并不意味着威胁党的执政地位的“四大考验”和“四大危险”已经从根本上得到了解决。为此，要继续坚持“以加强党的长期执政能力建设、先进性和纯洁性建设为主线，以党的政治建设为统领，以坚定理想信念宗旨为根基，以调动全党积极性、主动性、创造性为着力点”②，推进全面从严治党向基层延伸，每一方面都要抓，每一方面都要硬，提高党的领导水平和执政能力，创造风清气正的政治环境，为中国式现代化的发展提供坚强的政治保证。

坚持自我革命，永葆生机活力。坚持党的全面领导和坚持全面从严治党最终要落脚于党坚持自我革命的勇气与魄力之中，这是提升党的执政能力、保持党的先进性和纯洁性的必然要求。对党而言，“很容易在执政业绩光环的照耀下，出现忽略自身不足、忽视自身问题的现象，陷入‘革别人命容易，革自己命难’的境地。没有什么外力能够打倒我们，能够打倒我们的只有我们自己”③。因此，在全面推进社会主义现代化强国建设的过程中，必须时刻保持自我革命的意识。一方面，始终保有正视问题的自觉与刀刃向内的勇气，敢于正视工作中的不足与问题，在改进中发展；另一

① 习近平．习近平谈治国理政：第2卷．北京：外文出版社，2017：64.

② 习近平．决胜全面建成小康社会 夺取新时代中国特色社会主义伟大胜利：在中国共产党第十九次全国代表大会上的报告．人民日报，2017-10-28.

③ 中共中央党史和文献研究室．十八大以来重要文献选编：下．北京：中央文献出版社，2018：591.

方面，以批评与自我批评为基础，以人民监督与党内监督为保障，实现主体自我革命，保持党在长期执政下自我净化的清醒自觉，不断提升党性修养，切实肩负起中国式现代化创新发展的重要时代使命。

第二节
以马克思主义作为理论指南

随着工业革命的深入发展，西方国家进一步加快了对外扩张以掠夺原料、倾销商品。“不断扩大产品销路的需要，驱使资产阶级奔走于全球各地。它必须到处落户，到处开发，到处建立联系……它迫使一切民族——如果它们不想灭亡的话——采用资产阶级的生产方式；它迫使它们在自己那里推行所谓的文明，即变成资产者。一句话，它按照自己的面貌为自己创造出一个世界。”[①] 在西方国家坚船利炮的打击下，清朝政府被迫打开了国门。在这一重要历史时期，一方面，中国被动开启了现代化之路，成为“东方从属于西方”体系下的附庸；另一方面，中国独特的历史文化传统和文明传承并未消失，决定了中国无法模仿西方走上资本主义性质的现代化之路。为此，就需要探索一条与自身国情相适应，与历史文化传统和文

① 马克思，恩格斯．马克思恩格斯选集：第1卷．3版．北京：人民出版社，2012：404.

明传承相衔接的现代化道路。

一、坚持以马克思主义为指导

回顾近代百年来中国现代化的探索和发展历程，从本质上看，其就是中国共产党以马克思主义为指导，不断推进马克思主义中国化、时代化的过程。根据对马克思主义认识程度大体可以将其划分为萌芽奠基、曲折探索、恢复发展与创新升华四个阶段。

新民主主义革命时期是马克思主义指导思想的萌芽奠基阶段。虽然1917年俄国十月革命的胜利为中国送来了马克思列宁主义，并经过新文化运动和五四运动的宣传得到一定程度的传播，但总体来看，1921年建党时，中国共产党人对于马克思主义的认识还停留在初级阶段。一方面，将马克思主义视为西方文化中的精华部分，将其称为“世界的新文明”和“新潮流”[①]。在这样的认知下，中国共产党人认为如果想要对中国社会问题加以“根本解决”[②]，就必须要在实践过程中坚持和践行马克思主义。另一方面，这一时期受到理论水平的限制，中国共产党人对于马克思主义的理论大多局限于“经典文本”，在很多情况下以引用原文为主，缺少明确的文本阐释。伴随着大革命的失败和土地革命战争的开展，党中央在1929年明确提出：“为要加强革命思想的领导，党必须在群众中扩大马克思列宁主义的宣传”[③]，“尤其是关于目前中国革命策略之正确路线的斗争，以树立列宁主义的正确指导”[④]。尽管词语表述不同，但这是中国共产党首次

---

① 中国李大钊研究会．李大钊全集：第2卷．北京：人民出版社，2013：332.
② 中国李大钊研究会．李大钊全集：第3卷．北京：人民出版社，2013：55.
③ 中共中央文件选集：第5册．北京：中共中央党校出版社，1989：255.
④ 中共中央文件选集：第5册．北京：中共中央党校出版社，1989：416.

以文本表达的形式确立了马克思主义的指导地位。在此基础上，中国共产党不断加强马克思主义理论教育，制定各项规章制度。1931 年，中国共产党颁布了《中华苏维埃共和国宪法大纲》，将马克思列宁主义逐步内化为具体的国家制度体系，这是对马克思主义指导地位“国家雏形”的首次探索。这为抗日战争时期和解放战争时期在全党形成思想共识以及“整风”型学习范式奠定了基础，同时以“打通思想、整顿组织、纪律制裁”[①] 为主要方法，使马克思主义指导地位进一步深化到基层实践之中。

社会主义革命和建设时期是马克思主义指导思想的曲折探索阶段。新中国成立后，中国共产党在马克思主义指导下开始进行国家建设。一方面，为了巩固新生的人民政权，中国共产党全面开展了马克思主义指导地位制度化、规范化的工作。1954 年 9 月，在一届全国人大一次会议中，毛泽东明确指出：“领导我们事业的核心力量是中国共产党。指导我们思想的理论基础是马克思列宁主义。”[②] 这一思想也体现在《中华人民共和国宪法》中，其通过国家根本大法的形式正式确立了马克思主义的指导地位。另一方面，中国共产党以整合全社会思想文化为抓手，成功确立了马克思主义在意识形态领域的指导地位。中国共产党持续开展教育工作，对深受旧社会不平等思想影响的知识分子群体进行改造，帮助他们学习掌握唯物史观和唯物辩证法，初步建立马克思主义世界观，抛弃轻视劳动人民的错误思想。但不可否认的是，随着反右派斗争逐步扩大化，党对我国所处的历史方位和社会主义矛盾的认识发生偏移，使得党内阶级斗争扩大化，逐

① 中共中央文件选集：第 15 册．北京：中共中央党校出版社，1991：115.

② 中共中央文献研究室．建国以来重要文献选编：第 5 册．北京：中央文献出版社，1993：461.

渐偏离了马克思主义的正确轨道，一定程度上扭曲了马克思主义的指导地位。

改革开放和社会主义现代化建设新时期是马克思主义指导思想的恢复发展阶段。改革开放以后，党的工作重心开始转移到经济建设上来。以邓小平同志为主要代表的中国共产党人通过解放思想大讨论，重申必须坚持四项基本原则，将其视为“我们的立国之本”①。中国共产党人以党的制度建设为抓手，通过出台党内法规，逐步实现其规范化推进，确保马克思主义指导地位在党内制度上得以充分体现。南方谈话中，邓小平进一步强调“在整个改革开放的过程中，必须始终注意坚持四项基本原则”②。这一系列重要论述从顶层设计和实践执行两个层面出发，为进一步推进马克思主义指导地位制度化建设指明了方向。

中国特色社会主义新时代是马克思主义指导思想的创新升华阶段。十八大以来，以习近平同志为核心的党中央在进一步加强战略层面顶层设计的同时，在体系层面持续推进马克思主义指导地位的制度化建设。一方面，党中央批准发布了《中国共产党党内法规制定条例》《中国共产党党内法规和规范性文件备案规定》等文件，完善了党内法规制度体系，进一步推进了马克思主义指导地位的规范化、程序化。同时，党中央将马克思主义指导地位有机融入到以《中华人民共和国民法典》为代表的诸多法律的制定之中，这对于中国共产党人在新时代统一思想、凝聚共识具有重大意义。另一方面，党中央持续推进马克思主义思想教育学习工作的体系化建设。十八大以来，党中央适时开展党的群众路线、“三严三实”、“两学

---

① 中共中央文献研究室．十三大以来重要文献选编：上．北京：人民出版社，1991：15.

② 邓小平．邓小平文选：第 3 卷．北京：人民出版社，1993：379.

一做”等教育实践活动，以学促进，以学促用，不忘初心、牢记使命，不断推进马克思主义中国化进程，从根本上彰显和升华了马克思主义的指导地位。

二、坚持与中华优秀传统文化相结合

中华文明历经数千年而经久不衰、绵延不绝，并在 21 世纪的今天迸发出了强大的竞争力，其中一个关键就在于中国源远流长、博大精深的优秀传统文化。“中华民族有着深厚文化传统，形成了富有特色的思想体系，体现了中国人几千年来积累的知识智慧和理性思辨。这是我国的独特优势。”① 中华优秀传统文化是中华民族最根本的精神基因，蕴含着中华民族几千年的精神追求。这一“独特的文化传统，独特的历史命运，独特的基本国情，注定了我们必然要走适合自己特点的发展道路”②。中国式现代化发展道路不仅是对解决当前所面临实际问题的科学回应，同时也是中华优秀传统文化的深刻体现。

党的十八届三中全会提出将完善和发展中国特色社会主义制度，推进国家治理体系和治理能力现代化作为全面深化改革的总目标。推进国家治理现代化的治理优势则得益于中国源远流长的发展历史。一方面，传统社会经历了数千年的发展，形成了宝贵且丰富的国家治理探索成果。无论是郡县制这种地方管理行政制度，还是科举制这种通过考试严格选拔官员的选拔制度，都为中国古代传统社会地方层面的稳定和各阶层之间的上下流动做出了巨大贡献。中央集权制更是作为一种国家政权制度延续千年，使

---

① 习近平．在哲学社会科学工作座谈会上的讲话．人民日报，2016－05－19.

② 习近平．习近平谈治国理政．北京：外文出版社，2014：156.

得政令上下统一，社会安全稳定。同时，儒家宗法体制也对中国几千年的文化发展和宗族传承起到了巨大作用。另一方面，中华优秀传统文化的内生演化也为推进中国式现代化提供了理论渊源。从内容上看，中华文化包罗万象、博大精深，其中不乏优质资源。我们党正是植根于优秀传统文化的沃土，从中吸取营养，并结合时代发展任务与要求，赋予其新的时代内涵，在推进中国式现代化的过程中，实现了传统文化的新发展。从“世界大同”的政治理想到“止戈为武”“好战必亡”的和平思维，从“扶危济困”的公德意识到“民为邦本”的民本思想，都为我们党推进国家治理提供了科学的理论依据。我们党正是将这些传统文化与时代发展紧密结合才提出了“人类命运共同体”、“和平发展道路”和“以人民为中心”等新理念、新成果，在形成我国独特的治理优势的同时，也为中华优秀传统文化赋予了全新的时代内涵。

优秀传统文化是中华民族之根，同时也是中国式现代化发展道路之源。我国在不断推进现代化、融入世界发展体系的过程中，尤其需要守护好自身的历史传统与文化精髓，这是保证中国式现代化独立性的必要前提。只有充分发挥中华优秀传统文化的软实力作用，才能为中国式现代化的发展提供不竭的精神动力和强大的智力支持，才能不断增强中华民族的文化自信，实现文化创新，将中国式现代化推向新高潮，开辟中国式现代化发展的新境界。

第三节
以全面协调发展作为行动指南

习近平总书记在庆祝中国共产党成立100周年大会上指出："我们坚持和发展中国特色社会主义，推动物质文明、政治文明、精神文明、社会文明、生态文明协调发展，创造了中国式现代化新道路，创造了人类文明新形态。"[①] 当今世界正面临百年未有之大变局，国际格局正在发生深刻调整，国际力量此消彼长，世界经济重心正在加快自西向东位移。在这一时代背景下，中国共产党人始终坚持系统观念，不断根据社会主要矛盾调整经济发展观，为中国经济全面、协调、可持续发展提供了行动指南。这也有利于党中央明确中国现代化建设行动指南的独特性，对于我们坚定不移地走自己的道路，更深一步理解我国所创造的用时更短、规模更大、质量更高的现代化奇迹有着十分重要的理论与现实意义。

一、从单一到全面的中国式现代化

工业化是中国共产党人对于现代化这一概念的最初表述，也是现代化

① 习近平．在庆祝中国共产党成立100周年大会上的讲话．人民日报，2021-07-02.

的一般性的体现。早在新民主主义革命时期，毛泽东就曾指出："中国工人阶级的任务，不但是为着建立新民主主义的国家而斗争，而且是为着中国的工业化和农业近代化而斗争。"[①] 新中国成立后，面对民生凋敝、百废待兴的局面，党中央从实际情况出发，开展了国民经济恢复方面的工作。1953 年，国民经济恢复任务基本完成。1953 年 6 月 15 日，毛泽东在中央政治局扩大会议上首次较为完整地提出了过渡时期的总任务和总路线，逐步对生产关系进行调整和转变，进行"一化三改"，即国家工业化和对农业、手工业和资本主义工商业的改造。与此同时，"一五"计划也有序开展。在苏联的援助和全国各族人民的建设下，1956 年底"一五"计划提前完成并超额完成目标，我国建立起了较为齐全的工业门类体系，成功奠定了社会主义现代化建设的物质基础。在社会主义现代化建设过程中，毛泽东也意识到照抄苏联工业化发展道路将会产生一系列问题。1956 年，毛泽东在《论十大关系》中指出不能片面地发展重工业，忽视农业和轻工业的发展，相反应该走上在大力发展农业和轻工业的基础上再去发展重工业的道路。1957 年，毛泽东在《关于正确处理人民内部矛盾的问题》中提出了"中国工业化的道路"这一命题，并做了深入系统的分析。之后，由于受到"大跃进"运动和人民公社化运动的影响，工农业部门无法进行正常的生产经营。为了纠正这一"左"的错误，毛泽东在社会扩大再生产一般规律的基础上详细阐释了农业、轻工业和重工业在国民经济发展过程中的关系："在优先发展重工业的条件下，工农业同时并举。我们实行的几个同时并举，以工农业同时并举为最重要。"[②] 在 1959 年的庐山会议上，毛泽

① 毛泽东．毛泽东选集：第 3 卷．2 版．北京：人民出版社，1991：1081.

② 中共中央文献研究室．毛泽东文集：第 8 卷．北京：人民出版社，1999：121.

东第一次明确提出了“农、轻、重”次序的概念。1962 年，在党的第八届十中全会上这一概念被进一步明确为“以农业为基础，以工业为主导”的国民经济发展总方针。至此，以重工业为主，重工业和轻工业、农业同时并举为主要内容的社会主义工业化方针基本形成。

四个现代化的概念源于中国共产党主张的社会主义工业化进程。随着对社会主义工业化发展道路和基本规律认识的不断深化，逐渐形成了现代化这一概念与思想。在 1957 年 2 月的最高国务会议和 3 月的党的全国宣传工作会议上，毛泽东开始使用“现代化”一词，明确提到要把中国建设成为一个“具有现代工业、现代农业和现代科学文化的社会主义国家”。同年 11 月，时任中共中央副主席的刘少奇在庆祝俄国十月革命 40 周年群众大会上正式宣布了这一目标，从而把三个现代化提升到了国家发展战略的高度。随着中国共产党人对经济规律认识的不断深化和国内国际经济形势的变化，毛泽东在阅读苏联《政治经济学教科书》时指出：“建设社会主义，原来要求的是工业现代化，农业现代化，科学文化现代化，现在要加上国防现代化。”① 这样，原本的三个现代化就扩展成了四个现代化。1964 年 9 月，毛泽东对周恩来在国庆招待会上的讲话稿做了修改，指出要“在一定的历史时期，把我国建设成为一个农业现代化、工业现代化、国防现代化和科学技术现代化的伟大社会主义强国”②。随后其观点逐渐被全党和全国各族人民所接受，形成了社会共识。1964 年 12 月，时任国务院总理的周恩来在三届全国人大一次会议上宣布：“今后发展国民经济的主要任

① 中共中央文献研究室．毛泽东文集：第 8 卷．北京：人民出版社，1999：116.

② 中共中央文献研究室毛泽东组．《毛泽东文集》与毛泽东思想．北京：人民出版社，2002：266.

务，总的来说，就是要在不太长的历史时期内，把我国建设成为一个具有现代农业、现代工业、现代国防和现代科学技术的社会主义强国，赶上和超过世界先进水平。”[①] 这也标志着四个现代化被正式提出。

从工业化发展到四个现代化的演进历程反映了中国共产党对社会主义现代化建设战略布局思想和规划目标的转变与深化。社会的发展应该是也必须是各领域全面系统的发展，故而工业化的提法在逻辑上并不全面。但不可否认的是，工业在整个国民经济运行体系中发挥着主导作用，没有工业化，就没有现代化建设的物质基础，因此也就谈不上现代化。然而，现代化这一概念的范畴要比工业化更广，它不仅仅表示工业经济的发展，同时也包含着政治文明、精神文明、生态文明等更高水平、更为丰富的内容。四个现代化的概念是相互联系、彼此关联的，工业现代化不是农业现代化、国防现代化和科学技术现代化的前置条件，四者需要齐头并进，彼此之间相互促进。四个现代化的本质内核是要以工业现代化为前提奠定物质基础、以农业现代化为基础保障国家根基、以科学技术现代化作为实现总体现代化的关键、国防现代化为前三者提供保障，进而实现整个社会的现代化。

随着经济社会的不断发展，中国式现代化的内容在不断丰富和发展，其外延也更为宽广。党的十一届三中全会后，伴随着时代的发展，特别是在邓小平运用“小康”概念衡量我国在 20 世纪末所应达到的发展目标后，四个现代化已不能够完整体现出我们党对于经济发展的认识与理解。对此，叶剑英在 1979 年的国庆讲话中指出：“我们所说的四个现代化，是实

① 中共中央文献研究室．建国以来重要文献选编：第 19 册．北京：中央文献出版社，1998：483.

现现代化的四个主要方面，并不是说现代化事业只以这四个方面为限。我们要在改革和完善社会主义经济制度的同时，改革和完善社会主义政治制度，发展高度的社会主义民主和完备的社会主义法制。我们要在建设高度物质文明的同时，提高全民族的教育科学文化水平和健康水平，树立崇高的革命理想和革命道德风尚，发展高尚的丰富多彩的文化生活，建设高度的社会主义精神文明。”① 本次讲话首次提出了社会主义物质文明和社会主义精神文明这两大概念。至此，两个文明协调发展理念成为指导中国式现代化发展的行动指南。而受到历史和时代环境因素的影响，物质文明一手硬而精神文明一手软的情况长期存在。为此，党的十二大报告对社会主义精神文明做出了详细阐释，将其视为社会主义制度优越性的重要体现；同时深刻论述了两个文明之间的辩证关系：“物质文明的建设是社会主义精神文明的建设不可缺少的基础。社会主义精神文明对物质文明的建设不但起巨大的推动作用，而且保证它的正确的发展方向。两种文明的建设，互为条件，又互为目的。”② 这也标志着两个文明协调发展的经济发展观基本形成。

伴随着经济社会的快速发展，中国共产党人对于经济发展观的认识也在不断深化。首先，长期的政治体制改革和民主政治建设增进了我们党对于社会主义政治文明的认识，为三个文明协调发展理念的提出奠定了基础。2002 年党的十六大报告中明确提出：“全面建设小康社会，开创中国特色社会主义事业新局面，就是要在中国共产党的坚强领导下，发展社会

---

① 中共中央文献研究室．三中全会以来重要文献选编：上．北京：人民出版社，1982：233－234.

② 中共中央文献研究室．十二大以来重要文献选编：上．北京：人民出版社，1986：26.

主义市场经济、社会主义民主政治和社会主义先进文化，不断促进社会主义物质文明、政治文明和精神文明的协调发展，推进中华民族的伟大复兴。”[①] 这标志着政治文明正式成为与物质文明和精神文明并重的重要内容。其次，面对日益突出的社会民生问题，提出了建设和谐社会的应对方案。胡锦涛指出：“我们党明确提出构建社会主义和谐社会的重大任务，就是要求全党同志在建设中国特色社会主义的伟大实践中更加自觉地加强社会主义和谐社会建设，使社会主义物质文明、政治文明、精神文明建设与和谐社会建设全面发展。”[②] 这表明四个文明的认识业已形成。最后，针对发展过程中的环保议题，明确提出了“我们必须走生产发展、生活富裕、生态良好的文明发展道路，全面推进社会主义经济建设、政治建设、文化建设、社会建设以及生态文明建设，努力加快实现以人为本、全面协调可持续的科学发展”[③]。至此，五个文明表述初步显现。

在此基础上，党的十八大报告正式将经济发展观提升至五个文明层次，确立了指导中国现代化事业发展的“五位一体”总体布局：“中国特色社会主义道路，就是在中国共产党领导下，立足基本国情，以经济建设为中心，坚持四项基本原则，坚持改革开放，解放和发展社会生产力，建设社会主义市场经济、社会主义民主政治、社会主义先进文化、社会主义和谐社会、社会主义生态文明，促进人的全面发展，逐步实现全体人民共同富裕，建设富强民主文明和谐的社会主义现代化国家。”[④] 随着中国特色社会主义进入新时代，“五位一体”总体布局得到了进一步的完善。十九

① 中共中央文献研究室．十六大以来重要文献选编：上．北京：人民出版社，2005：43.
② 中共中央文献研究室．十六大以来重要文献选编：中．北京：人民出版社，2006：696.
③ 中共中央文献研究室．十七大以来重要文献选编：上．北京：人民出版社，2009：570.
④ 中共中央文献研究室．十八大以来重要文献选编：上．北京：人民出版社，2014：9－10.

大报告中明确提出了“两步走”的战略安排，对五个文明的各个方面做了进一步阐释，提出了与五个文明内涵定位相一致的富强民主文明和谐美丽的社会主义现代化强国目标，促进了经济发展观的完善与发展，这对于新时代继续深化中国现代化建设起到了纲举目张的作用。

二、从不协调到协调发展的中国式现代化

党的十八大以后，中国特色社会主义进入新时代，我们党对于协调发展的认知也达到了新的高度。习近平总书记强调：“协调是发展两点论和重点论的统一，一个国家、一个地区乃至一个行业在其特定发展时期既有发展优势、也存在制约因素，在发展思路上既要着力破解难题、补齐短板，又要考虑巩固和厚植原有优势，两方面相辅相成、相得益彰，才能实现高水平发展。”[①] 若只强调全面性而忽略了发展过程中内部诸构成主体间的有机协调，那么现代化的发展就会出现失衡局面，无法把握工作重点、保持发展后劲。因此，我党要充分运用辩证唯物主义的观点和方法，处理好现代化发展过程存在的目标与手段、整体与部分、当下与长远等诸多关系，趋利避害、防范失衡风险，进而做出最有利于经济发展、社会演进的战略抉择。

为了能够在全面推进的同时保证社会经济发展的协调性，党的十八届五中全会提出了创新、协调、绿色、开放、共享五大新发展理念，系统地回答了关于发展的目的、动力、方式、路径等一系列重大问题。其中协调作为五大新发展理念之一，对于我国经济发展观的完善做出了重要贡献。

---

① 习近平．深入理解新发展理念．求是，2019（10）：4－16.

在区域方面，在协调理念的指导下，针对区域层面发展的不平衡性，要不断地通过制度创新和资源对接以及开展区域间战略合作的方式优化国土空间布局，为区域间协调发展架桥铺路，将其中的区域发展差距转化为互补的发展优势。基于这一思想，京津冀、长三角、粤港澳、武汉、成渝、长株潭等城市群（圈）相继成立。通过推进新型城镇化，将这些城市群（圈）作为重点区域来辐射带动周边地区发展，建构起沟通东西、贯穿南北的多中心、网络化、开放式的区域经济社会发展新格局，形成强大且高质量的国内大市场。在城乡关系方面，在坚持工业反哺农业、城市支持农村的战略方针基础上，优先发展农业农村，全面推进乡村振兴，改革原有阻碍城乡间要素流动的不合理的体制机制，促进资源在城乡之间的优化配置，努力实现城市发展与乡村振兴的良性联动。在物质文明与精神文明协调上，一方面坚持发展才是硬道理，通过发展不断创造新的物质财富以支持社会主义文化强国建设；另一方面以社会主义先进文化为导向，充分发挥先进文化在社会发展过程中浸润身心、鼓舞人心的积极作用，以中国特色社会主义文化的繁荣兴盛，凝聚起推动中国式现代化事业发展的磅礴精神力量。综上所述，只有在坚持全面性的基础上保证协调发展，才能真正提升发展的质量，实现区域、城乡、两个文明建设协同并进等，推动中国式现代化事业行稳致远。

在百余年发展历程中，中国共产党带领全国人民经过艰难探索成功开辟了中国式现代化发展道路。伴随着经济社会的发展，中国式现代化的内涵得到了不断的丰富与发展。这些新内涵不仅是中国式现代化发展道路独特性的生动体现，同时也是中国式现代化发展所必须承担的历史性责任，意味着中国在实现现代化的过程中将面临比西方国家更为苛刻的约束环境和更为艰巨的历史任务。这就需要我们在新发展阶段下，继续坚定不移地走中国特色现代化发展道路，努力实现更高质量、更有效率、更可持续、更为安全的发展。

第四节

以以人民为中心作为价值取向

纵观世界各国现代化的发展模式，可以将其划分为以资本为中心的现代化和以人民为中心的现代化两种类型。在不同的宗旨指引下，现代化的发展将产生巨大差异。其中，西式现代化属于前者。它以资本扩张作为推动国家和社会发展的原动力，专注于经济增长和物质财富的获取。经过自由资本主义和国家垄断资本主义两个时期的发展，资本已经完全渗透到国家政治体制之中，对国家发展与政策导向产生了举足轻重的影响。而中国式现代化则属于后者。与西式现代化不同的是，经济增长和物质财富的增加并不是中国式现代化所追求的全部目的。在中国式现代化的逻辑框架中，人被视为最重要、最核心、最活跃的因素。“现代化的本质是人的现代化”①，是追求人的全面发展，充分尊重人的价值的现代化，这是中国式

① 中共中央文献研究室．十八大以来重要文献选编：上．北京：中央文献出版社，2014：594.

现代化区别和超越西式现代化的独特属性。正是在以人民为中心的宗旨指引下，中国式现代化才能在发展中依靠谁、目标是为了谁等关键问题上，始终保持清醒的思想认识，制定清晰的实践方案。

一、人民是推进中国式现代化的主体力量

人民性是马克思主义最鲜明的品格。人民的主体地位是由社会实践的物质活动特性决定的。人民是社会实践的主体，是历史的创造者，这是唯物史观的基本观点。恩格斯曾指出："如果要去探究那些隐藏在……历史人物的动机背后并且构成历史的真正的最后动力的动力，那么问题涉及的……不如说是使广大群众、使整个整个的民族，并且在每一民族中间又是使整个整个阶级行动起来的动机"①。这表明社会历史发展的真正动力在于人民，是人民的实践活动建构了整个社会存在与演进的逻辑框架。生产力的发展，社会分工的细化，不断推进新的社会关系形成，逐步实现从等级社会向平等社会的演变。

从我国的发展历史来看，江山就是人民，人民就是江山。作为马克思主义无产阶级政党，坚持人民主体地位是中国共产党自觉遵循马克思主义科学指引的生动体现。毛泽东曾强调："人民，只有人民，才是创造世界历史的动力。"② 这是中国革命、建设和改革所证明的正确理论。从土地革命时期百万工农兵跟随中国共产党投入到打土豪、分田地的革命运动之中，与封建剥削阶级进行艰苦卓绝的斗争；到抗日战争时期全国人民同仇敌忾，共同抗击日本侵略，使侵略者陷于人民战争的汪洋大海之中，取得

① 马克思，恩格斯．马克思恩格斯文集：第 4 卷．北京：人民出版社，2009：304.
② 毛泽东．毛泽东选集：第 3 卷．2 版．北京：人民出版社，1991：1031.

了十四年抗战的伟大胜利，极大地改变了中国的国家命运，改变了中国新民主主义的历史进程；再到解放战争时期宁愿倾家荡产，也要支援前线，用小推车推出了淮海战役等关键战役的胜利，以“将革命进行到底”为目标，为推翻国民党的反动统治做出了突出贡献。新中国成立以来，广大人民进一步发挥首创精神，创造了令世人瞩目的伟大功绩。正是因为人民的不懈努力才实现了社会主义建设的伟大成就，改变了中国积贫积弱、一穷二白的国家面貌；正是因为人民的不懈努力才创造出了改革开放的新时期，极大地推动了社会生产力的发展，开启了中华民族伟大复兴的历史进程。可以说，现代化建设在中国革命、建设和改革的进程中披荆斩棘的关键在于人民。对此，习近平总书记做出深刻总结：“我们党的百年历史，就是一部践行党的初心使命的历史，就是一部党与人民心连心、同呼吸、共命运的历史。”①

“党的根基在人民、血脉在人民、力量在人民，人民是党执政兴国的最大底气。”② 随着中国特色社会主义进入新时代，推动中国现代化建设更加离不开广大人民群众的支持与参与，更加需要全体人民奉献才智与创造力。人民依然是推进中国现代化建设的主体力量。在改革发展的过程中，必须继续坚持相信人民、依靠人民，从人民中来、到人民中去的工作方针。一方面，倾听人民呼声，回应人民诉求，解决人民问题，保证人民平等参与、平等发展权利，着力维护社会公平正义，把人民拥护不拥护、赞成不赞成、高兴不高兴、答应不答应作为衡量一切工作得失的根本标准；另一方面，汲取群众智慧，充分发挥人民首创精神，及时总结人民创造的

---

① 习近平．在党史学习教育动员大会上的讲话．北京：人民出版社，2021：15.

② 中共中央关于党的百年奋斗重大成就和历史经验的决议．人民日报，2021-11-17.

建设经验，充分调动人民群众参与现代化建设的主观能动性，在激发社会活力的同时，着力打造人民自主、自立、自强、自尊的现代化主体人格品质，强化马克思主义世界观、人生观和价值观，形成独立人格和文化自觉性。

二、推进中国式现代化是为了全体人民

在古代中国，民本思想是中华优秀传统文化的重要组成部分。从先秦时代诸子百家的“仁者爱人”“民贵君轻”，到北宋教育家程颐的“为政之道，以顺民心为本，以厚民生为本”，再到明末清初黄宗羲“天下民为主，君为客”的口号，无一不体现了中华优秀传统文化对于民本的重视。然而不可否认的是，这些思想存在着固有的历史局限，因此在继承优秀传统文化的基础上，中国共产党做出了更深入的阐释。在理论上，习近平总书记指出：“必须坚持以人民为中心的发展思想，把增进人民福祉、促进人的全面发展作为发展的出发点和落脚点”①。在实践中，党和政府高度重视保障和改善民生，在国家“六稳”“六保”的方针中，将就业视为头等大事重点推进。作为人民普遍关注的焦点议题，民生问题是实现人民美好生活需要的基本内容，是不断推进中国式现代化的根本目的所在。而只有不断促进社会公平正义，实现人民群众对覆盖面更广、受益面更大的民生保障的期冀，努力提升人民群众的获得感、幸福感和安全感，中国式现代化才能行稳致远。

实现这一目标的根本途径便是保证全体人民的共同富裕，这不仅是马

① 中共中央文献研究室．十八大以来重要文献选编：中．北京：中央文献出版社，2016：789.

克思、恩格斯等革命导师所创立的科学社会主义理论体系的重要特征，也是中华民族历经千百年奋斗所追求的崇高理想，更是社会主义制度的本质所在，是中国式现代化的独特属性。现代化是为了少数人的享受还是全体人民的共同富裕是衡量西式现代化和中国式现代化的重要分水岭。“共同富裕是社会主义的本质要求，是中国式现代化的重要特征”[①]。我们党始终认为，贫穷不是社会主义，相反，社会主义要消灭贫困。而这一目标的实现不可能一蹴而就，需要循序渐进，通过先富带动后富最终实现共同富裕。数据显示，1949 年新中国成立初期，我国国民的人均预期寿命仅为 35 岁，婴儿死亡率达到 200‰[②]；学龄儿童入学率仅为 20%，成人文盲率达到 80%，全国 4 亿多人中接受高等教育的在校人数仅为 11.7 万人[③]。经过 70 余年的发展，我国已经取得了令世人瞩目的成就。截至 2020 年，我国人均预期寿命达到 77.3 岁，婴儿死亡率下降至 5.4‰；小学学龄儿童净入学率 99.96%，九年义务教育巩固率 95.2%，高中阶段毛入学率 91.2%，高等教育毛入学率 54.4%，全国共有各级各类学校 53.71 万所，在校生 2.89 亿人[④]。当前，“具有大学文化程度的人口为 21 836 万人。与 2010 年相比，每 10 万人中具有大学文化程度的由 8 930 人上升为 15 467 人，15 岁及以上人口平均受教育年限由 9.08 年提高至 9.91 年”[⑤]。同时，减贫工作也取得突破性进展。我国贫困人口从 2012 年底的 9 899 万人减少

---

① 在高质量发展中促进共同富裕 统筹做好重大金融风险防范化解工作．人民日报，2021－08－18.

② 中国妇幼健康事业发展报告（2019）.（2019－05－27）[2022－04－28]. http：//www.nhc.gov.cn/fys/ptpxw/201905/bbd8e2134a7e47958c5c9ef032e1dfa2.shtml.

③ 陈宝生．国之大计 党之大计．人民日报，2019－09－10.

④ 2020 年全国教育事业发展统计公报．（2021－08－27）[2022－04－28]. http：//www.moe.gov.cn/jyb_sjzl/sjzl_fztjgb/202108/t20210827_555004.html.

⑤ 宁吉喆．第七次全国人口普查主要数据情况．中国统计，2021（5）：4－5.

到2019年底的551万人，贫困发生率由10.2%下降至0.6%，连续7年每年的减贫人数超过千万人。2020年11月23日，贵州省政府对外宣布紫云等9个贫困县退出贫困县序列。至此，全国832个贫困县全部脱贫摘帽，脱贫攻坚取得了全面胜利。

从脱贫攻坚的“一个也不落下”到疫情防控上的“人民至上”“生命至上”，从管控房价“房住不炒”方针到民生领域的全面深化改革，无一不体现了“以人民为中心”的价值追求。目前，我国已初步构建起世界上规模最大、覆盖人口最多，包括教育、就业、社会保障、医疗、住房、食品药品安全等关键民生领域的社会保障体系，切实保证全体人民享受到“幼有所育、学有所教、劳有所得、病有所医、老有所养、住有所居、弱有所扶”的社会民生保障。以人民群众最关心、最直接、最现实的利益问题为抓手，着力推进社会公平正义，构建全体人民安居乐业，获得感、幸福感、安全感更加充实、更有保障、更可持续的共同富裕新局面。

三、构建以人民为中心的制度体系

我国《宪法》规定，一切权力属于人民。人民当家作主是社会主义民主政治的本质特征。党的十九届六中全会明确提出要“积极发展全过程人民民主，健全全面、广泛、有机衔接的人民当家作主制度体系”①。这一制度体系是推进中国式现代化过程中践行以人民为中心的重要制度保障，只有不断完善人民当家作主，才能真正把以人民为中心的理念贯彻到中国式现代化的伟大事业之中。

---

① 中共中央关于党的百年奋斗重大成就和历史经验的决议．人民日报，2021-11-17.

“立治有体，施治有序。”在长期的社会主义现代化建设实践中，我国已经建构了由人民代表大会制度、中国共产党领导的多党合作和政治协商制度、民族区域自治制度和基层群众自治制度组成的政治参与的根本制度和基本制度整体框架，并且配套了相应的基本经济制度、法律制度、文化制度以及行政体制，形成了符合本国国情的多层次、宽领域的人民当家作主的制度体系。这些制度安排既是保障国家政治稳定的宏观体制，又是确保人民当家作主能够落实到国家政治生活和社会生活实处的微观制度。完善这一制度体系成为推进中国式现代化过程中践行以人民为中心的根本着力点。

综上可知，以人民为中心的价值取向是中国式现代化对人类发展目标的重大突破。人类追求现代化不仅是为了扩大物质资料生产总量，更是为了人自身的发展。因此，以资本为中心的现代化只是现代化发展的初级阶段，这种现代化模式忽略了现代化过程中最为重要的部分，即人本身的存在。“我们要始终把满足人民对美好生活的新期待作为发展的出发点和落脚点，在实现现代化过程中不断地、逐步地解决好这个问题。”① 经过百年以来的不懈探索与实践，中国式现代化建设已经完成了对西式“以资本为中心”的现代化发展体系的积极扬弃与取精去糟，实现了从资本的现代化到人的现代化的顺利过渡，并朝着更高水平、更高层次的现代化目标大步迈进。

---

① 完整准确全面贯彻新发展理念 确保“十四五”时期我国发展开好局起好步．光明日报，2021-01-30.

第四章

中国式现代化的发展历程

作为一个拥有五千年文明史的国家，中国的经济曾一度在全球居于领先地位。然而，近代以来，西方国家以工业革命为抓手，相继开启了现代化进程，对中国等农业文明产生了巨大冲击。随着 1840 年鸦片战争的爆发，西方列强开启并逐步加快了对华侵略的进程，导致中国独立发展的道路被迫中断，逐步沦为半殖民地半封建社会。面对规模空前的民族危机，农民阶级、地主阶级和资产阶级的仁人志士们纷纷奋起反抗，相继开展了洋务运动、戊戌变法、义和团运动以及辛亥革命等多项救亡图存的抗争，但均以失败告终。复杂的斗争环境急需新的领导力量，1921 年中国共产党正式成立。面对帝国主义、封建主义和官僚资本主义“三座大山”的压迫，中国共产党从自身实际出发，坚持实事求是，充分发挥主观能动性，制定出符合本国国情的革命路线与纲领，发动和依靠群众，在艰难困苦的历史条件中不断发展壮大，带领中国人民在实现现代化的道路上创造了一个又一个奇迹，实现了从站起来、富起来到强起来的伟大飞跃。

第一节
中国现代化的奠基

从 1840 年到 1911 年，清朝政府在西方国家坚船利炮的威胁下开始了试图挽救其危亡的现代化努力。在 1840 年鸦片战争后，中国的有识之士，如林则徐、魏源等一批开眼看世界的封建官僚和士族，开始主张学习借鉴西方的先进之处，提出了“师夷长技以制夷”等口号，希望革除弊政，富国强兵，开启了探索中国现代化之路的思考与呐喊，为后来的变法、维新与革命准备了条件。

一、洋务运动奠定中国现代化的经济基础

1860 年第二次鸦片战争失败后，清朝统治阶级中的有识之士意识到固守陈腐的“祖宗之法”并不能拯救危亡，唯一的办法只有学习西方。以李鸿章、张之洞为代表的洋务派开启了以“自强”“求富”为口号的洋务运动，主张“中学为体，西学为用”，企图在维护中国腐朽的封建主义社会制度和伦理原则的前提下引进西方资本主义国家新的军事和生产技术，改变内忧外患的局势，实现国家的稳定，拯救清王朝的封建统治。

以此为指导，洋务运动以重工业为起点，通过“官督商办”“官商合办”等手段开创了中国现代化的先河。通过引进、学习，清朝政府在工业领域发展十分迅速。在军事领域，通过引进的武器装备制造生产线发展中国自身的军事工业，中国也走出了一条先仿制后自主研发的发展道路。在洋务运动中后期，部分企业已经可以自行制造小型机器设备。从民用来看，在张之洞“兴办实业”理念的倡导下，一些传统手工业主也开始投身开办现代工厂，从事轻工业产品的生产。总体来看，在地主阶级洋务派的支持下，近代矿业、钢铁业以及铁路、邮政等基础设施工程相继出现并得到初步发展；同时，新的语言、科技学校的设立也为大量青年提供了留美旅欧的学习机会。这也造就了第一代产业工人以及第一批从地主、官僚、买办商人转化而来的近代民族资产阶级，为中国早期经济现代化做出了积

极的探索。

然而，随着1895年北洋舰队在中日甲午战争中的覆没，清朝政府所开展的洋务运动正式宣告破产。洋务运动帮助中国催生了资本主义经济因素，不仅注入了资产阶级的社会概念，也推动了无产阶级的发展壮大，为中国重工业的发展奠定了基础。同时，现代铁路、海运交通网络的构建，使得东南沿海地区形成了一大批现代化的港口城市，开创了中国城市化发展的先河。此外，洋务运动对于海外留学生的选派为中国现代化的发展积累了宝贵人才，正式启动了中国现代化发展的车轮。但是，由于洋务运动对于资本主义的任何实质性发展都会对封建专制体制的根基产生冲击，这就导致洋务运动必然会以失败告终。残酷的事实告诉国人，如果不改变没落腐朽的封建专制制度，不在思想文化和社会制度上实现现代化，那么单纯追求器物上的现代化就不能改变中国积贫积弱的现实，无法从根本上实现国家的现代化。

二、戊戌变法开创中国思想现代化的先河

面对洋务运动的失败，以康有为、梁启超、严复为代表的维新派一方面充分认可了洋务派在变法问题上所起到的积极作用，但同时也指出他们并没有发现问题的“根本”所在。在维新派看来，这个“根本”就是延续两千年的封建专制制度。只有创造出一个良好的制度环境，才能保证国家的经济和文化得到长足的发展。因此，戊戌变法并不止于单纯的社会改变，以康梁为首的维新派第一次比较系统全面地提出了“制度”革新的主张，以“保国、保种、保教”为目标，通过变法，从三个方面大大推动了中国社会制度与思想观念向现代化方向迈进。

第一，戊戌变法推动了时代精神状况的显著变化。维新人士对于西方近代自然科学、逻辑学、实证方法的宣传与介绍改变了中国知识分子传统的思维方式，摆脱了中国两千年来“天人合一”观念的束缚。严复在《原强》中主张“以格物致知为学问本始”，“一一皆本于即物实测”。这种思维方式的变革，为理性主义、科学精神的传播铺平了道路，同时也促进了个体自我主体意识的觉醒。谭嗣同“冲决网罗”的口号体现了维新人士正是以主体的姿态在审视历史与现实，为国人重新认识自己、改造自己，成为自己的主人奠定了基础。此外，这也助推了入世精神的传播，唤醒了知识分子心中传统儒家固有的经世致用思想，使之一代又一代地投入到救国救亡的社会实践之中。

第二，戊戌变法的实施促进了大量新思想的涌现。在转型时代，中国面临着空前的政治秩序危机和文化取向危机。面对危难，知识分子的思想回应自然极为纷繁，其中便产生了一些对后世影响深远的重大观点。诸如，康有为提出将中国“定为工国”，通过实现国家工业化来改变中国积贫积弱的状况；严复提出“利民”和“富国”思想，主张赋予个人经济活动最大自由，同时要避免出现西方世界“民贫富贵贱之相悬滋益远矣”情况的发生；梁启超提出治天下“以群为体，以变为用”的历史观，以及“新民说”“道德革命”等思想。这些思想不仅表达了中国近代知识分子的心声，也对后来新文化运动的发展产生了深远的影响。

第三，戊戌变法对于传播媒介制度的改良助推了社会思想的革新。维新人士所创立和宣传的新思想不仅仅是一种新的观念形态，同时也是一种涵盖了新型传播媒介、教育设施的新的文化体系。伴随着戊戌变法的推行，全国私人办报刊数量达几十种，虽然变法宣告失败后多被清朝政府所关闭，但是先进知识分子们又迅速创办了《清议报》《新民丛报》《国风报》等10余家报刊，积极传播维新思想，开启蒙风气。同时，新式学堂和新式课程的开办改变了洋务运动时期局限于工艺和军事技术的状况，通过组织学会，鼓吹文学改革，提倡白话文和移风易俗，成为破除封建迷信和传统恶习的重要阵地。

总体来看，戊戌变法是中国近代史上的一个特殊阶段，其影响并不局限于“百日维新”。在这一时期，社会精神状态出现了显著的变化，传播媒介制度的创新助推了大量新思想的涌现，推动了知识分子群体的发展，加速了清朝政府的解体，标志着中国从思想上逐步开始走向现代化。

三、辛亥革命开启中国制度现代化的探索

戊戌变法对于现代化进程的探索与挫折，为革命时代的到来提供了巨大的推动力，为辛亥革命的爆发奠定了必要的精神思想基础。如果将中国的近代史视为中国从被动现代化向主动现代化发展的漫长过程，那么辛亥革命毫无疑问将是这一漫长过程中实现质变的转折点。辛亥革命以武装革命的手段推翻了清朝政府，结束了中国两千多年来的封建君主专制制度，在中国乃至全亚洲建立了第一个共和政体，标志着中国由一个以自然经济占主导地位、闭关锁国的传统社会向以民主共和制度为主体的现代社会转变，强有力地推动了中国政治现代化、经济现代化和社会意识现代化，是中国现代化链条中的重要环节。

首先，辛亥革命正式拉开了中国政治现代化的序幕。政治现代化是一个国家实现现代化的重要基础和必要条件。在此之前，封建君主专制制度已在中国延续两千余年。虽然在封建社会末期，太平天国运动、戊戌变法

以及义和团运动等对传统君主专制制度产生了较大冲击，但当时“国不可一日无君”的观念在底层百姓之中依然有着根深蒂固的影响。在这样的时代背景下，孙中山发起成立的中国同盟会在纲领中明确提出要“创立民国”，这是一个前所未有的巨大进步。1912 年 1 月南京临时政府正式成立，标志着中华民国的诞生，使中国成为亚洲第一个实行民主共和制度的国家。临时大总统孙中山宣誓“以忠于国，为众服务”[①]，废除了专制时代以民为奴的封建陋习，确立了国家“服务民众”、政府“天下为公”的现代形象。同年 3 月，南京临时参议院通过了《中华民国临时约法》，以法律的形式进一步确定了国家全部政治生活中的民主原则与制度。《临时约法》中设立了立法、行政、司法三权分立的政治体制，同时特别规定实行责任内阁制，从法律上限制了总统的任期与权力，宣布“中华民国之主权，属于国民全体”，以“主权在民”取代了“君权神授”，在中国政治现代化的进程中具有划时代的意义。革命党人也以“三民主义”为导向进一步完善了国家民主政治框架，确立了选举权、创制权、复决权、罢免权等四大民权，立法权、行政权、司法权、纠察权、考选权等五大治权，分县自治、国民大会制度等政治制度，以及军政阶段、训政阶段、宪政阶段等三个民主阶段。由此可见，辛亥革命首次形成了比较清晰的政治现代化路线，是中国现代化进程中显著的里程碑。

其次，辛亥革命促成了中国民族工业发展的“黄金时期”。面对甲午战争后日益严重的民族危机，经济独立、实业救国成为辛亥革命后国人追求的重要目标。南京临时政府和随后的北洋政府在民国初年相继出台了以

---

① 孙中山．孙中山全集：第 2 卷．北京：中华书局，1982：1.

发展实业为首要任务的施政纲领，各部都制定和颁布了一些鼓励和保护资本主义工商企业的条例章程。1913 年 12 月，农林、工商两部合并为农商部，张謇出任总长后陆续发布了《商人通例》《公司保息条例》《农商部奖励规则》等一系列法令条例，倡导保障经营自由、提供工商贷款和奖励创业成就。在政策支持和鼓励下，民族资产阶级大量加入到实业救国的队伍之中，主张发展经济，建设民国，中国实业由此进入了一个全新的发展阶段，开始了民族工业长达十年的“黄金发展时期”。根据民初工业公司各类资本历年情况统计，1912 年新建万元资本以上的注册工厂达 455 家，1915 年这一数字上升至 651 家。到 1920 年，百万元以上的注册工厂从 1912 年的 25 家增长至 57 家，新增资本总额超 1.6 万亿元，这 8 年的投资总额相当于 1912 年以前 50 年投资额的总和。1913 年中国使用蒸汽动力为 4.3 万马力，到 1918 年达到 8.2 万马力，增长接近 1 倍，同时期全部机械动力增长达 31 倍之多。这期间，作为工业基础的机器修造、电力、采煤和内河航运业都有了快速发展（见表 4-1）。虽然辛亥革命所带来的民族资本主义工业的“黄金发展时期”是短暂的，但它却是实业救国思想在民国初年广泛传播的最大社会动因，极大地推动了中国经济走向现代化。

表 4-1　1912—1915 年机器修造、电力、采煤、内河航运业企业数目发展状况

单位：家

	1912 年	1913 年	1914 年	1915 年
机器修造	49	22	29	25
电力	10	15	19	25
采煤	20	12	8	12
内河航运业	15	98	155	470

资料来源：虞和平．辛亥革命与中国资本主义的“黄金时代”．中国社会经济史研究，1985（1）：79-87.

最后，辛亥革命促进了中国社会意识的现代化。随着社会制度的巨大转变，人民的思想观念也在发生着变革，其中最具标志性的表现为民主共和观念深入人心。辛亥革命后中华民国临时政府所颁布的《临时约法》彻底否定了封建君主专制制度，体现了其建立资产阶级共和国的决心。孙中山提出："共和与自由全为人民全体而讲，至于官吏，则不过为国民公仆，受人民供应，又安能自由？"① 这与封建君主专制制度下皇帝至高无上、乾纲独断有着本质区别。专制枷锁的破除使得中国思想界获得进一步的解放，各类思潮都有机会在中国的社会舞台上展现，各社会团体、报纸杂志如雨后春笋般发展，推动并组织了许多群众性活动。

综上所述，辛亥革命的历史性巨变在中国社会中产生了巨大反响。以孙中山为代表的资产阶级革命派成功推翻了清朝政府的腐败统治，终结了延续两千多年的封建君主专制制度，极大地推动了中国政治、经济和社会意识的现代化发展进程。然而从根本上看，辛亥革命并未彻底改变我国半殖民地半封建的社会性质，其后随之而来的军阀混战加剧了社会动荡，人民依然生活在水深火热之中。中国急切地需要新的指导思想来凝聚社会力量，急切地需要新的组织形式来引领社会革命。

四、新文化运动推动中国现代化发展的思想启蒙

经过 1840 年鸦片战争后 70 余年的探索，中国现代化的进程已经由被动转向主动，突破了器物、技术的表象，向着更深层次的政治思想迈进。与此同时，各类思潮在社会上激烈碰撞。对此，以陈独秀为代表的中国先进知识分子第一次创造性地提出要使包括精神文化在内的全部中国文化实

① 孙中山．孙中山选集：上．北京：人民出版社，2011：105.

现现代化的历史课题，通过对传统文化的全面反思，高举民主与科学的大旗，促进中国社会整体的现代化发展。

首先，新文化运动使民主与科学成为中国现代化发展的思想指南。先进知识分子们认识到“德先生”和“赛先生”是拯救中国、实现现代化发展的一剂良方。陈独秀在《青年杂志》的发刊词中写道：“科学者何？吾人对于事物之概念，综合客观之现象，诉之主观之理性而不矛盾之谓也。”并指出：“近代欧洲之所以优越他族者，科学之兴，其功不在人权说下，若舟车之有两轮焉。”“国人而欲脱蒙昧时代，羞为浅化之民也，则急起直追，当以科学与人权并重。”[①] 李大钊主张彻底铲除与民主科学水火不容的封建专制制度，“盖民与君不两立，自由与专制不并存，是故君主生则国民死，专制活则自由亡”，“今犹有敢播专制之余烬，起君主之篝火者，不问其为筹安之徒与复辟之辈，一律认为国家之叛逆、国民之公敌，而诛其人，火其书，殄灭其丑类，摧拉其根株，无所姑息，不稍优容，永绝其萌，勿使滋蔓”[②]。以陈独秀、李大钊为代表的先进知识分子虽然过度将西方文明理想化，其希望利用西方思潮来改造中国社会、尽快实现现代化的想法也带有一定的盲目性，但是其以民主和科学作为现代化发展的思想指南，反对专制主义，反对一切封建迷信、愚昧落后，不仅有效地冲击了封建主义的思想体系，而且对于唤醒警示国人起到了振聋发聩的作用。其用科学方法分析解决社会问题的思路，为后来马克思主义在中国的传播奠定了思想基础。

其次，新文化运动唤醒了国人的爱国情怀，增强了民族凝聚力和爱国

① 陈独秀．独秀文存：论文：上．北京：首都经济贸易大学出版社，2018：6.

② 李大钊．李大钊文集：上．北京：人民出版社，1984：175.

主义精神。在第一次世界大战后的巴黎和会上，帝国主义国家为了自身利益，不顾中国人民的不满，制定了极不平等的巴黎和约。这极大地刺激了国民的民族自尊，成了五四运动的导火索，加速了中国民族意识的觉醒。先进知识分子与青年学生们一起组建了国民社、新潮社、觉悟社、新民学会等救亡学会团体，以民主科学为导向，以反对封建主义、帝国主义为宗旨开展了广泛的思想宣传运动，拉开了中国人民争取民族解放和振兴中华伟大斗争的序幕，为后来在中国共产党的领导和带领下实现民族独立奠定了精神基础。

最后，新文化运动的发展促进了人的全面解放，为社会现代化的发展提供了人才保障。陈独秀指出："三年以来，吾人于共和国体之下，备受专制政治之苦。"① 正是由于忽略了人的现代化，才导致辛亥革命后频繁出现复辟帝制的开历史倒车行为。为此，新文化运动从对孔教的批判入手，反对封建专制统治者假借孔子之名，禁锢人们思想和阻碍社会向前发展。陈独秀在《孔教研究》中提出："我们反对孔教，并不是反对孔子个人，也不是说他在古代社会中无价值。不过因他不能支配现代人心，适合现代潮流，还有一班人硬要拿他出来压迫现代人心，抵制现代潮流，成了我们社会进化的最大障碍。"② 对孔教的批判，突破了传统封建礼教的缧绁，加速了国人自我价值的觉醒，为后来社会现代化的发展提供了人才保障。

新文化运动作为一场思想启蒙运动，在近代中国现代化的发展进程中意义深远。它动摇了几千年来封建文化在民众心中的统治地位，对于传统封建礼教进行了深刻的揭露与批判，震撼了封建统治的精神根基，打破了

---

① 陈独秀．独秀文存：论文：上．北京：首都经济贸易大学出版社，2018：30.

② 陈独秀．独秀文存．合肥：安徽人民出版社，1987：415.

束缚在人们思想上的精神枷锁。同时，这也助推了自由、民主、平等、科学、法制观念与精神的传播发展，唤起了整个社会的醒悟。

从根本上看，近代中国社会的主要矛盾是帝国主义与中华民族、封建主义与人民大众之间的矛盾。与此相对应，近代中国的历史发展进程是帝国主义和封建主义相互结合，将中国逐步变为半殖民地半封建社会的过程，同时也是中国人民反抗外来侵略、探索救国救民真理的过程。在鸦片战争之后的70余年中，中国各阶级为挽救民族危亡进行了无数次艰苦卓绝的斗争，但基本均以失败告终。历史证明，地主阶级、农民阶级和民族资产阶级由于自身历史局限性和阶级局限性决定了他们无法承担起领导中国取得民主革命胜利的历史任务，也无法改变中国积贫积弱的命运。中国革命与发展需要新的阶级政党领导、新的理论思想指导，以及需要探索一条全新的发展道路。这也就使得旧民主主义革命向新民主主义革命的过渡成为历史的必然。

第二节
新民主主义革命时期的现代化探索

新文化运动的思想启蒙和十月革命的影响加速了中国人民及其先进知识分子的新觉醒，也加速了马克思主义在中国的传播，使得中国革命从旧民主主义向新民主主义的转变成为可能。党的十九届六中全会指出："新民主主义革命时期，党面临的主要任务是，反对帝国主义、封建主义、官僚资本主义，争取民族独立、人民解放，为实现中华民族伟大复兴创造根本社会条件。"① 从1921年7月党的创立，到1949年新中国的诞生，中国共产党人在党的纲领指引下，针对国情民情的不断调整与变化，采取不同的具体举措，开创了一条具有中国特色的革命道路，夺取了新民主主义革命的伟大胜利。

一、中国共产党的成立与大革命时期的现代化探索

中国如何摆脱帝国主义的奴役与封建主义的压迫，实现民族独立与人民民主？这是事关国家前途命运的问题。中国的仁人志士们经过了70多年的探索，始终未能找到合适的答案。1917年，俄国十月革命的一声炮响，给中国送来了马克思列宁主义。1921年7月，中共一大的召开标志着中国共产党的成立。中国共产党领导中国人民，通过积极开展工农运动，开始了对新民主主义革命的艰难探索。

第一，制定了科学的反帝反封建的民主革命纲领。在1921年7月召开的中共一大上，大会制定的纲领是直接进行社会主义革命。然而，社会发展的实际情况和革命实践中的经验总结表明，在中国半殖民地半封建的社会性质下，此时资产阶级并未真正掌握国家政权。同时，我国仍然是一个农业国家，工人阶级的力量尚比较弱小。这表明此时的中国并不具备立即进行社会主义革命的条件。为此，在1922年7月召开的中共二大上，

① 中共中央关于党的百年奋斗重大成就和历史经验的决议．人民日报，2021－11－17.

我们党从实际出发，通过综合分析国内外形势，对革命纲领进行了调整，指出了党在当前阶段的奋斗目标是“消除内乱，打倒军阀，建设国内和平”，“推翻国际帝国主义的压迫，达到中华民族完全独立”[①]。

第二，建立了广泛的革命统一战线。二大以后，我们党迅速开展了反帝反封建的民主革命斗争，但在帝国主义和北洋军阀的镇压下均告失败。这些失败给中国共产党留下了深刻教训，即需要将工人、农民、小资产阶级联合起来，同时还应当建立革命武装。于是，1923 年 6 月召开的中共三大决定采取党内合作的形式与国民党展开合作，建立以反帝反封建为目标的国民革命联合战线，“努力扩大国民党的组织于全中国，使全中国革命的分子集中于国民党，以应目前中国国民革命之需求”[②]。随着 1924 年 1 月国民党一大的召开，国共第一次合作正式形成，包括工人、农民、小资产阶级和民族资产阶级在内的广泛的革命统一战线宣告成立，促成了中国近代历史上规模空前的国民革命运动。

第三，明确地提出了建立工农联盟问题。1925 年 1 月召开的中共四大明确指出中国革命需要“工人、农民及城市中小资产阶级普遍的参加”[③]，其中，农民所受压迫最深，“天然是工人阶级之同盟者”[④]，“必须尽可能地系统地鼓动并组织各地农民逐渐从事经济的和政治的争斗”[⑤]。针对这一问

① 中共中央文献研究室，中央档案馆．建党以来重要文献选编（一九二一——一九四九）：第 1 册．北京：中央文献出版社，2011：133.

② 王宗华．中国大革命史（1924—1927）：上册．北京：人民出版社，1990：99.

③ 中共中央文献研究室，中央档案馆．建党以来重要文献选编（一九二一——一九四九）：第 2 册．北京：中央文献出版社，2011：219.

④ 中共中央文献研究室，中央档案馆．建党以来重要文献选编（一九二一——一九四九）：第 2 册．北京：中央文献出版社，2011：218.

⑤ 中共中央文献研究室，中央档案馆．建党以来重要文献选编（一九二一——一九四九）：第 2 册．北京：中央文献出版社，2011：239.

题，毛泽东做出了深刻总结：“农民问题乃国民革命的中心问题，农民不起来参加并拥护国民革命，国民革命不会成功……所以经济落后之半殖民地的农村封建阶级，乃是国内统治阶级国外帝国主义之唯一坚实的基础，不动摇这个基础，便万万不能动摇这个基础的上层建筑物。”① 这深刻阐明了建设工农联盟的重要性，为后续国民革命的开展做了积极的组织准备。

由此可见，在成立之初，中国共产党便积极投身于探索救国之路、挽救民族危亡的伟大事业之中，并取得了不少成就。然而，由于这一时期的中国共产党还处于幼年，也出现了照搬俄国革命公式化经验、马克思主义理论应用教条化以及“二次革命论”等错误，并未放手开展土地革命，对于政权和军队的领导权妥协退让，从而导致了轰轰烈烈的大革命遭到惨痛失败。

二、土地革命战争时期的现代化探索

大革命的失败使得国内阶级矛盾的地位逐步上升，成为社会的主要矛盾。面对大革命失败的惨痛经历，中国共产党从社会主要矛盾出发，在分析大革命失败原因的基础上，继续对新民主主义革命道路进行探索，提出了农村包围城市的革命道路，取得了一定的成果。但由于受到“左”倾错误思想的影响，没有很好地将马克思主义同中国革命具体实践结合起来，导致执行失当，产生了十分严重的后果，被迫放弃南方革命根据地开始长征。但是，这些挫折与失败也教育了中国共产党，使其不断积累经验教训，逐步走向成熟。在 1935 年召开的遵义会议后，我们党立足实际对中

① 中共中央文献研究室．毛泽东文集：第 1 卷．北京：人民出版社，1993：37.

国革命的道路和方向做出了科学研判，实现了理论层面的重大突破，标志着我们党走上了探索中国革命路线的正确轨道。

第一，实现了对民族资产阶级的科学分析。毛泽东指出："民族资产阶级同地主阶级、买办阶级不是同一的东西，他们之间是有分别的。民族资产阶级没有地主阶级那样多的封建性，没有买办阶级那样多的买办性。"[①] 因此，民族资产阶级并不是中国革命的敌人。同时，他还对民族资产阶级自身存在的"容易动摇"的阶级属性给予了充分阐释："半殖民地的政治和经济的主要特点之一，就是民族资产阶级的软弱性。正是因为这样，帝国主义敢于欺负他们，而这也就规定了他们不喜欢帝国主义的特点。"[②] 正是因为民族资产阶级自身所存在的固有缺陷，导致其永远无法进行彻底的革命，进而也就无法担当起革命的领导责任。至此，我们党对于国内资产阶级形成了较为完备的思想认识，克服了"左"倾关门主义的错误影响。在建立统一战线的过程中，能够对资产阶级根据实际情况区分对待，制定相应的政策，团结一切可以团结的力量，为实现中国革命的目标而共同奋斗。

第二，发展了从新民主主义走向社会主义的转变论。针对如何实现从民主主义革命向社会主义革命过渡的重大问题，毛泽东做出了两个重大判断。一是必须"具备了政治上经济上一切应有的条件"[③]。这一论述表明，只有在顺利完成民主主义革命的阶段性任务并实现新民主主义的经济、政治、文化等大发展的前提下，才有可能实现社会转型。否定了只讲政治条

① 毛泽东．毛泽东选集：第 1 卷．2 版．北京：人民出版社，1991：145.
② 毛泽东．毛泽东选集：第 1 卷．2 版．北京：人民出版社，1991：147.
③ 毛泽东．毛泽东选集：第 1 卷．2 版．北京：人民出版社，1991：160.

件，不讲经济条件，认为夺取了政权，阶级力量对比改变了就可以实现革命转变的主张。二是做出了到两个革命转变时要经历的时间跨度将会“相当地长”的预测。这一预测有着坚实的实践基础，是对中国国情进行科学研究后做出的战略判断。作为一个农业人口占大多数的农业国家，“中国在政治上经济上完成民主革命，较之俄国要困难得多，需要更多的时间和努力”①，切不可急于求成。

三、全民族抗日战争时期的现代化探索

1937 年卢沟桥事变爆发，拉开了中国全面抗战的序幕。这一时期，面对日本帝国主义的侵略行为，民族矛盾成为中国社会的主要矛盾。抗日战争时期，面对中华民族的生死存亡，针对如何进行有效的抗战，中国共产党立足社会的主要矛盾，对中国革命斗争的经验教训进行了全面总结，并树立了正确的政治路线、思想路线和组织路线，为夺取抗日战争的最终胜利奠定了坚实的基础。

首先，明确了正确的政治路线，具体体现在“四个转变”上。第一，对民族资产阶级政策的转变。1935 年 12 月的瓦窑堡会议明确批判了“左”倾冒险主义、关门主义的错误思想，明确了建立抗日民族统一战线的战略方针，为后来与不同阶层、不同人群开展广泛合作，建立抗日民族统一战线奠定了思想基础。第二，对国民党政治集团政策的转变。随着日本侵华的不断深入，中国共产党逐步将原本“反蒋抗日”的方针转变为“逼蒋抗日”。通过推动西安事变和平解决，实现国共第二次合作，使全民族团结

① 毛泽东．毛泽东选集：第 1 卷．2 版．北京：人民出版社，1991：161.

统一抗战得以实现。第三，团结一切可以团结的力量，在具体政策上实现转变。其中，最具代表性的是“双减双交”，通过减租减息改善农民的生活，又通过交租交息照顾地主、富农的利益。第四，对于民主主义革命和社会主义革命的关系认识上的转变。经过对大革命时期和土地革命战争时期的经验总结，同时否定了“一次革命论”的“左”倾思想和“二次革命论”的右倾机会主义思维，立足中国实际条件，遵循中国社会发展规律，深刻探究了中国该向何处去的重大问题，提出了新民主主义论，实现了党性与革命科学性的辩证统一。

其次，明确了正确的思想路线。在大革命后期和土地革命战争前期，我们党在政治路线的选择上出现了严重错误。究其原因，主要是受到思想路线上“左”倾错误的影响。为了彻底克服“左”倾错误的影响，就必须从思想路线的高度分析其根源。为此，毛泽东先后撰写了《实践论》《矛盾论》等著作，深刻地批判了在过往革命过程中，严重脱离实际、主客观相脱离、理论与实践相背离的唯心主义思想路线，确立了一切从实际出发、理论与实践相结合、主客观相统一的思想路线。只有形成正确的思想路线，才能正确地制定并执行其他路线，进而保障中国革命能够正常发展。

最后，形成了正确的领导核心。毛泽东曾指出：“中国共产党历史上有两个重要关键的会议。一次是一九三五年一月的遵义会议，一次是一九三八年的六中全会。”[①] 其中，遵义会议是中国共产党历史上一个生死攸关的转折点。在会议上，毛泽东成功当选常委，进入了中央的领导核心，尽

① 中共中央文献研究室．毛泽东文集：第 3 卷．北京：人民出版社，1996：424.

管随后曾受到过党内其他人的挑战，但随着抗日战争的进行，毛泽东代表的正确路线被中央大多数人所理解和拥护。在 1938 年 9 月的中共六届六中全会上，王稼祥转达了共产国际的指示和共产国际执行委员会总书记季米特洛夫的意见："中共一年来建立了抗日民族统一战线，政治路线是正确的，中共在复杂的环境和困难的条件下真正运用了马列主义。中共中央领导机关要以毛泽东为首解决统一领导问题，领导机关要有亲密团结的空气。"① 全会批准了以毛泽东为首的中央政治局的路线。至此，毛泽东在全党的核心地位被正式确立下来，为保障中国革命的胜利提供了重要的组织保证。

四、解放战争时期的现代化探索

抗日战争胜利后，中国面临着两种发展命运的历史抉择。面对中国到底是应该建立一个无产阶级领导的人民做主的新民主主义国家，还是以国民党为代表建立一个代表大地主大资产阶级利益的专政国家，国共两党展开了 4 年激烈的对峙与斗争。在两种不同命运、两个不同前途的对抗中，中国共产党积极开展对现代化的探索，不断总结实践斗争经验。

一方面，中国共产党提出了新民主主义革命总路线。1948 年 4 月，毛泽东指出："无产阶级领导的，人民大众的，反对帝国主义、封建主义和官僚资本主义的革命，这就是中国的新民主主义的革命，这就是中国共产党在当前历史阶段的总路线和总政策。"② 在这一总路线的指导下，中国共

① 中共中央文献研究室．毛泽东年谱（1893—1949）：中册．修订本．北京：中央文献出版社，2013：92.

② 毛泽东．毛泽东选集：第 4 卷．2 版．北京：人民出版社，1991：1316 - 1317.

产党制定了与之相匹配的土地政策、工商业政策、城市政策以及广泛的人民民主统一战线政策，有力地支援了前线的军事活动。

另一方面，中国共产党提出了人民民主专政的理论。在 1949 年 6 月革命已经接近胜利、新中国即将诞生之际，毛泽东发表了《论人民民主专政》一文，明确提出了具有中国特色的“人民民主专政”理论，他指出：“工人阶级（经过共产党）领导的以工农联盟为基础的人民民主专政……这就是我们的公式，这就是我们的主要经验，这就是我们的主要纲领。”[①]在新中国的政治体制中，在区分人民和敌人的基础上，对二者采取不同的举措，对人民实行民主，对敌人实行专政，将二者“互相结合起来，就是人民民主专政”[②]。在政体上，人民民主专政的新中国将采取实行民主集中制的各级人民代表大会制度，中央和地方各级政府都由各级人民代表大会选举产生，来保障“稳步地由农业国进到工业国，由新民主主义社会进到社会主义社会和共产主义社会”[③]。

经过近三十年的艰难探索，中国共产党以“团结一切可以团结的力量”为思想指引，立足社会发展的主要矛盾，制定与时代发展相适应的方针和政策，最终带领中国人民推翻了帝国主义、封建主义和官僚资本主义“三座大山”，探索出了一条具有中国特色的革命道路，带领中国人民站立起来。

① 毛泽东．毛泽东选集：第 4 卷．2 版．北京：人民出版社，1991：1480.
② 毛泽东．毛泽东选集：第 4 卷．2 版．北京：人民出版社，1991：1475.
③ 毛泽东．毛泽东选集：第 4 卷．2 版．北京：人民出版社，1991：1476.

第三节

社会主义革命和现代化建设

党的十九届六中全会指出："社会主义革命和建设时期，党面临的主要任务是，实现从新民主主义到社会主义的转变，进行社会主义革命，推进社会主义建设，为实现中华民族伟大复兴奠定根本政治前提和制度基础。"[①] 事实上，中国共产党领导全国人民独立探索社会主义现代化建设的道路并不是从新中国成立后开始的。在 1949 年 3 月新民主主义革命即将获得胜利之际，中国共产党在西柏坡召开的七届二中全会就对国家现代化建设做出了展望。毛泽东提出了要"使中国稳步地由农业国转变为工业国，把中国建设成一个伟大的社会主义国家"[②] 的目标。同时，中国共产党也阐述了要通过工业化带动工业、农业等各个领域实现现代化发展的探索思路，由此拉开了社会主义现代化发展的序幕。

一、社会主义革命与苏联模式下的工业化道路

新中国成立之初，由于受到当时国际环境的影响，中国共产党采取了

① 中共中央关于党的百年奋斗重大成就和历史经验的决议．人民日报，2021－11－17.
② 毛泽东．毛泽东选集：第 4 卷．2 版．北京：人民出版社，1991：1437.

“一边倒”的外交政策，坚定地站在社会主义阵营一边。在国民经济恢复时期，通过土地改革等一系列措施迅速恢复被长期战争严重破坏的国民经济。截至1952年底，全国工农业总产值比1949年增长77.5%。其中，工业总产值增长145%，农业总产值增长48.5%。钢、煤、电力、原油、水泥、粮食、棉花、棉纱等工农业主要产品产量均已超过历史的最高水平[①]。这为后来有计划地进行社会主义革命与开展工业化建设奠定了坚实的物质基础。

社会主义革命主要包括对农业、手工业和资本主义工商业进行社会主义改造。针对农业，毛泽东指出：“在农民群众方面，几千年来都是个体经济，一家一户就是一个生产单位……克服这种状况的唯一办法，就是逐渐地集体化”[②]。在这一方针的指导下，以建立农业合作社发展集体所有制农业经济为方式开始对农业进行社会主义改造。从当时的实际情况来看，这一举措是必要且必需的。新中国成立之初，人地矛盾严重，耕地有限且时有灾荒，为了保障农业生产的顺利进行，需要引导广大农民走上互助协作的发展道路。通过建立生产互助组，将生产工具与小块土地集中起来，逐步形成了初级农业生产合作社。伴随着生产的继续、公有财产的增加和社员劳动报酬的提升，再逐步向高级农业生产合作社过渡。在高级合作社中，所获产品扣除生产中物质资料的消耗、所纳税收和少量公益金外，完全按照劳动分配。截至1956年，已有超96%的农户加入合作社，推动了农业生产的快速发展。

对于手工业的社会主义改造从时间上看大致经历了供销合作社、生产

---

① 陈云．陈云文选：第2卷．2版．北京：人民出版社，1995：366.

② 毛泽东．毛泽东选集：第3卷．2版．北京：人民出版社，1991：931.

合作社和合作工厂三个阶段。首先，在国营经济的主导下，手工业供销合作社向社员供应原料、收购产品，以帮助社员解决采购原料和销售产品的困难，保障社员收入。此时社员仍在家庭或作坊中分散生产。为了进一步加强协作，提升劳动生产率，便进入了生产合作社阶段。通过建立生产合作社，社员们共同劳动、共同生产，按照合作社收益和自己提供的劳动领取劳动报酬，以实现同工同酬。到 1956 年底，已有超 90%的手工业者加入生产合作社，基本完成了手工业的社会主义改造。同时，为了进一步提升效率，1958 年大部分生产合作社进一步合并，成为合作工厂，这对改用机器生产、增加产品产量有着积极作用。

毛泽东在党的七届二中全会报告中对资本主义工商业做了如下判断："在革命胜利以后一个相当长的时期内……一切不是于国民经济有害而是于国民经济有利的城乡资本主义成分，都应当容许其存在和发展。"[①] 所以，在这一时期，党中央没有没收民族资本主义经济，而是通过加工订货、统购包销等方式逐步引导民族资本主义的发展，这也是国家资本主义的初级形式。伴随着国民经济的发展，国家为使某些关系国计民生迫切需要、规模较大的工厂能够迅速扩大生产，开始对它们进行投资，逐步确立公私合营的经营模式。同时，为了保障中小私营企业的发展，逐步将几个、十几个甚至几十个小工厂合并为大工厂，以便更新生产设备，推动全行业公私合营。公私合营后，原经营者继续担任适当职务，并按每年 5%的定息领取收益。到 1956 年，全国私营工业的 99%和私营商业的 82.2%分别实现了全行业公私合营，标志着对资本主义工商业进行社会主义改造

① 毛泽东．毛泽东选集：第 4 卷．2 版．北京：人民出版社，1991：1431.

的顺利实现。

与此同时，从 1953 年开始，我国开启了“一五”计划，确立了优先发展重工业的基本方针，按照苏联的经验和标准来推进工业化建设。一方面，以苏联援助的 156 项重点工程、694 个大中型建设项目为中心，通过推进“一五”计划，开展工业化，特别是重工业建设，逐步实现国家的社会主义工业化；另一方面，对农业、手工业和资本主义工商业进行社会主义改造，建立我国社会主义制度的经济基础。在此期间，虽然社会主义改造和工业化均参考了“苏联模式”，但我们也在吸取苏联社会主义建设的经验教训的基础上，结合本国国情做出了适当调整，以规避“苏联模式”中存在的问题。在三大改造过程中，对农业并没有照抄苏联集体化模式，而是建立互助组和小型合作社；对手工业则实行集体所有制，并且长期允许个体经济的存在；对资本主义工商业则创造性地提出了赎买政策，实现了平稳过渡。同时，在工业化建设过程中，针对苏联农轻重比例失调的问题，提出我们“要适当地调整重工业和农业、轻工业的投资比例，更多地发展农业、轻工业”，进而“可以更多更好地发展重工业”①，实现国民经济的结构性均衡发展。

在“一五”计划期间，全国共完成投资总额 550 亿元。其中，国家对经济和文教部门的基本投资总额为 493 亿元，超出原定计划 427.4 亿元 15.3%。新增固定资产 460 亿元，相当于 1952 年底全国固定资产原值的 1.9 倍。五年内开启的工矿建设项目共一万多个，其中限额以上的有 921 个，与原定计划相比增加 227 个，截至 1957 年底，全部建成投产 428 个，

① 中共中央文献研究室．毛泽东文集：第 7 卷．北京：人民出版社，1999：24，25.

部分建成投产 109 个。苏联援助我国建设的 156 个建设项目，截至 1957 年底，68 个已全部建成或部分建成投入生产，135 个正在施工建设[①]。

“一五”计划的实施将我国的飞机、汽车、发电设备、重型机器、新式机床、精密仪表、电解铝、无缝钢管、合金钢、塑料、无线电等过去没有的工业门类从无到有地建设起来，改变了我国工业体系残缺不全的发展状况，增强了我国基础工业的实力。“一五”计划期间，我国社会总产值年平均增速 10.9%，国民收入年平均增速 8.9%，农业产出和工业产出每年分别以 3.8%和 18.7%的速度增长，成为改革开放前我国经济效益最好的时期[②]。

随着“一五”计划的进行，在 1956 年 4 月召开的中央政治局扩大会议上，毛泽东做了《论十大关系》的重要讲话，为探索适合中国国情的社会主义现代化建设道路提出了诸多宝贵的思想与建议，并在 9 月召开的中国共产党第八次全国代表大会上提出了国内主要矛盾的转化，确定将未来的工作重点转移到社会主义现代化建设上来。中国共产党通过总结“一五”计划实施经验，制定了“综合平衡中稳步前进”的经济建设方针，这对未来中国社会主义现代化建设事业的发展产生了深远的影响。

从总体上看，面对新中国成立之初“一穷二白”的局面，中国在苏联的援助下基本建立起了自己的工业体系和国民经济体系。但同时，在苏联援助的影响下，中国也形成了高度集中的计划经济管理体制。实际上，这一体制的弊端也很快影响到了中国经济的正常发展。长期实行的高积累、低消费的经济发展战略使得国家将积累下来的剩余资金大量投入到重工业

① 刘国光．中国十个五年计划研究报告．北京：人民出版社，2006．
② 刘国光．中国十个五年计划研究报告．北京：人民出版社，2006．

建设之中，导致重工业畸形发展，挤占了轻工业发展的空间。同时，重工业的发展也迟滞了农业现代化的发展速度，影响了国民经济的均衡发展。

二、赶超战略下的曲折探索

赶超战略是中国共产党在社会主义建设初期做出的一个重要战略抉择，其以充分挖掘生产力潜能为导向，以发挥人民群众的主观能动性为抓手，希望在短期内实现经济高速发展，赶上甚至超越发达国家。它是在国内外诸多因素合力作用的基础上所形成的结果。赶超战略是世界上很多后发国家在社会经济建设过程中所采取的重要策略，对于社会主义的中国来说也同样适用。从总体来看，中国在赶超战略下的曲折探索中既有成功的经验，也有失败的教训。

中国对于赶超战略的设想与实践，在战略模式上体现为从遵循“苏联模式”到“以苏为鉴”，坚持走自己的发展道路；在战略步骤上则是指从“超英赶美”到“两步走”。在新中国成立初期，由于建设经验不足等原因，我们党提出了“学习苏联先进经验”[①] 的方针，这就使得无论是共产党内部还是各民主党派，知识分子、工人阶级、农民群众都开始向苏联学习先进的科学技术。在1955年7月《关于农业合作化问题》的报告中，毛泽东强调，苏联所走过的道路“正是我们的榜样”[②]。在苏联的援建下，我国顺利实现了“一化三改”的目标，完成了向社会主义的过渡，形成了和苏联一致的高度集中的计划经济体制。然而，随着国际形势的变化，我们需要从我国社会主义建设的实际情况出发，重新审视“苏联模式”中存在

① 中共中央文献研究室．毛泽东文集：第6卷．北京：人民出版社，1996：264.

② 中共中央文献研究室．毛泽东文集：第6卷．北京：人民出版社，1996：434.

的问题。针对这一问题，毛泽东指出："最重要的教训是独立自主，调查研究，摸清本国国情，把马克思列宁主义的基本原理同我国革命和建设的具体实际结合起来，制定我们的路线、方针、政策。……现在是社会主义革命和建设时期，我们要进行第二次结合，找出在中国进行社会主义革命和建设的正确道路。"[①] 在这种思想的指引下，毛泽东在《论十大关系》中指出："特别值得注意的是，最近苏联方面暴露了他们在建设社会主义过程中的一些缺点和错误，他们走过的弯路，你还想走？过去我们就是鉴于他们的经验教训，少走了一些弯路，现在当然更要引以为戒。"[②] 不难发现，这为后续中国在社会主义现代化建设过程中及时调整发展方向、实行"综合平衡中稳步前进"的战略方针奠定了基础，实现了从遵循"苏联模式"向"以苏为鉴"的过渡。

"超英赶美"战略最早出自 1956 年 8 月的八大预备会议："我们这个国家建设起来，是一个伟大的社会主义国家，将完全改变过去一百多年落后的那种情况，被人家看不起的那种情况，倒霉的那种情况，而且会赶上世界上最强大的资本主义国家，就是美国。……假如我们再有五十年、六十年，就完全应该赶过它。这是一种责任。你有那么多人，你有那么一块大地方，资源那么丰富，又听说搞了社会主义，据说是有优越性，结果你搞了五六十年还不能超过美国，你像个什么样子呢？那就要从地球上开除你的球籍！所以，超过美国，不仅有可能，而且完全有必要，完全应该。"[③] 1957 年 11 月的莫斯科会议上，时任苏共中央总书记的赫鲁晓夫提

---

① 中共中央文献研究室．十七大以来重要文献选编：上．北京：中央文献出版社，2009：253－254.

② 中共中央文献研究室．毛泽东文集：第 7 卷．北京：人民出版社，1999：23.

③ 中共中央文献研究室．毛泽东文集：第 7 卷．北京：人民出版社，1999：89.

出苏联要在15年时间，在工农业最重要产品的产量、某几项工业产量方面赶上和超过美国。毛泽东也提出，中国在15年后可能赶上或者超过英国。1958年元旦，《人民日报》社论中指出："我们要在十五年左右的时间内，在钢铁和其他重要工业产品产量方面赶上和超过英国；在这以后，还要进一步发展生产力，准备再用二十年到三十年的时间在经济上赶上并且超过美国"①。同时，毛泽东在给刘少奇等的信中写道："十年可以赶上英国，再有十年可以赶上美国，说'二十五年或者更多一点时间赶上英美'是留了五年到七年的余地的。'十五年赶上英国'的口号仍不变。"② 在1958年6月的中央军委扩大会议上这一时间被再次提前，认为将在未来三年基本超过英国，十年超过美国。正是在这种赶超设想的指导下，才出现了"大跃进"和人民公社化运动等脱离中国现实经济社会发展条件急于求成的行为，在三年严重自然灾害的推波助澜下给我国的社会主义现代化事业造成了很大的挫折。对此，以毛泽东同志为主要代表的中国共产党人进行了深入的反思，总结了过去所推行的"超英赶美"战略所带来的损失与经验教训，在一定程度上纠正了过去的发展方向，使社会主义建设重新回到了正确的发展轨道上来，为后来"两步走"战略的提出奠定了基础。1961年9月在迎接英国来华访问的蒙哥马利元帅时，毛泽东指出："至于建设强大的社会主义经济，在中国，五十年不行，会要一百年，或者更多的时间。"③ 在1962年的七千人大会上毛泽东再次强调："要赶上和超过世界上最先进的资本主义国家，没有一百多年的时间，我看是不行的。"④ 通

---

① 中共中央文献研究室．建国以来重要文献选编：第11册．北京：中央文献出版社，1995：6－7.

② 中共中央文献研究室．毛泽东传：第4册．北京：中央文献出版社，2011：1776.

③ 中共中央文献研究室．毛泽东文集：第8卷．北京：人民出版社，1999：301.

④ 中共中央文献研究室．毛泽东文集：第8卷．北京：人民出版社，1999：302.

过对过往失败经验的总结归纳，毛泽东于1963年正式提出了他所构想的“两步走”战略思想，“在三年过渡阶段之后，我们的工业发展可以按两步来考虑：第一步，搞十五年，建立一个独立的完整的工业体系，使我国工业大体赶上世界先进水平；第二步，再用十五年，使我国工业接近世界的先进水平。”① 在这一思想的指导下，1965年9月《关于第三个五年计划安排情况的汇报提纲（草稿）》对“两步走”战略做出了进一步的明确阐述：“从第三个五年计划开始，我国的国民经济发展，可以按两步来考虑：第一步，建立一个独立的比较完整的工业体系和国民经济体系；第二步，全面实现农业、工业、国防和科学技术的现代化，使我国经济走在世界的前列。”② 总体而言，在战略步骤上从“超英赶美”战略到“两步走”战略的转变一方面体现了中国共产党希望尽快改变中国贫困落后面貌的强烈意愿，另一方面也体现了中国共产党在进行社会主义现代化建设探索过程中面对考验与挫折时的调整能力，使得战略越来越贴近中国经济社会发展的实际情况和经济建设的客观规律。

综上所述，赶超战略是对所处历史阶段和主要矛盾认识不足所带来的结果，并不能将赶超战略单纯视为“大跃进”、人民公社化运动的产物。虽然赶超战略在执行中受到“左”倾思想的影响，出现了脱离实际、盲目冒进的情况，给经济带来了严重损害，但同时也使党中央认识到符合发展实际、实事求是的重要性。这种求真务实、实事求是的思想作风被中国共产党继承和发展，为后来的改革开放和社会主义现代化建设提供了发展经验。

---

① 中共中央文献研究室．毛泽东传：第6册．北京：中央文献出版社，2011：2326.

② 中共中央文献研究室．建国以来重要文献选编：第20册．北京：中央文献出版社，1998：439.

第四节
改革开放和社会主义现代化建设

党的十九届六中全会指出："改革开放和社会主义现代化建设新时期，党面临的主要任务是，继续探索中国建设社会主义的正确道路，解放和发展社会生产力，使人民摆脱贫困、尽快富裕起来，为实现中华民族伟大复兴提供充满新的活力的体制保证和快速发展的物质条件。"① 1978 年党的十一届三中全会成功召开，以邓小平同志为主要代表的中国共产党人继承和发展了党解放思想、实事求是的思想路线，在总结历史经验教训的基础上，科学分析了当前中国所面临的国内外形势，立足中国基本国情，借鉴西方发达国家现代化建设的经验教训，统筹规划了中国进行社会主义现代化建设的道路和前进方向，提出了"三步走"的战略设想，形成并完善了具有中国特色的经济社会发展目标和发展路径。在改革开放后的三十多年时间里，中国共产党基于社会主要矛盾，提出了社会主义初级阶段的基本纲领，并以此为指导，制定了改革开放和社会主义现代化建设时期的基本目标和基本政策，成功摆脱了"贫困陷阱"，并进入上中等收入国家的行

① 中共中央关于党的百年奋斗重大成就和历史经验的决议．人民日报，2011－11－17.

列。“中国奇迹”的创造，无论在社会主义国家现代化建设的进程中，还是在中华民族五千年的发展历史里，均占据着举足轻重的地位。

一、“三步走”战略与摆脱贫困陷阱

社会主义革命和建设时期虽然建立了工业门类齐全的工业体系，但国民经济发展并不协调，重工业发展远快于农业和轻工业，这也就使得实现社会主义现代化的建设任务依然艰巨且复杂。在此背景下，邓小平提出了“三步走”的发展战略，不仅明确了现阶段社会主义现代化建设的流程步骤，而且对中国未来发展的目的宗旨、范围领域和实施策略等更深层次的因素做出了关键的战略安排。

一方面，邓小平从中国当时的具体国情出发，阐释了中国现代化发展的步骤和目标。在阐述中国现代化问题时，通过对中国实际国情的详细分析，邓小平指出：“翻两番，国民生产总值人均达到八百美元，就是到本世纪末在中国建立一个小康社会。这个小康社会，叫做中国式的现代化。翻两番、小康社会、中国式的现代化，这些都是我们的新概念。”① 1984年6月，邓小平在此基础上做了更进一步的说明：“我们的政治路线，是把四个现代化建设作为重点……我们提出四个现代化的最低目标，是到本世纪末达到小康水平。”② 可以看出，“三步走”战略集中反映了以邓小平同志为主要代表的中国共产党人关于改革开放后中国要进行的社会主义现代化建设的总体思想，阐明了中国进行社会主义现代化建设的诸多特殊性。

---

① 邓小平．邓小平文选：第3卷．北京：人民出版社，1993：54.
② 邓小平．邓小平文选：第3卷．北京：人民出版社，1993：64.

另一方面，“三步走”战略的提出，集中反映了中国共产党在新的历史时期和阶段对于现代化认识的深化与升华。党的十一届三中全会曾提出要把“四个现代化”视为我国在20世纪末所应该达到的目标。但这就引起了社会主义现代化是不是只局限于这四个方面的讨论。对此，叶剑英做出了回应：“我们要在改革和完善社会主义经济制度的同时，改革和完善社会主义政治制度，发展高度的社会主义民主和完备的社会主义法制。我们要在建设高度物质文明的同时，提高全民族的教育科学文化水平和健康水平，树立崇高的革命理想和革命道德风尚，发展高尚的丰富多彩的文化生活，建设高度的社会主义精神文明。这些都是我们社会主义现代化的重要目标，也是实现四个现代化的必要条件。”① 在此基础上，邓小平做了更进一步的阐释：“我们开了大口，本世纪末实现四个现代化。后来改了个口，叫中国式的现代化，就是把标准放低一点。特别是国民生产总值，按人口平均来说不会很高。”② 1982年8月，邓小平将中国社会主义现代化的概念推向了新世纪：“我们面临发展和摆脱落后的任务。我们摆在第一位的任务是在本世纪末实现现代化的一个初步目标，这就是达到小康的水平。如果能实现这个目标，我们的情况就比较好了。更重要的是我们取得了一个新起点，再花三十年到五十年时间，接近发达国家的水平。”③ 至此，中国社会主义现代化建设的“三步走”战略基本定型，即第一步是指截至1990年实现国民生产总值翻一倍，解决人民的温饱问题；第二步是指到20世纪末实现国民生产总值与1990年相比再翻一倍，使人民生活总

① 中共中央文献研究室．十一届三中全会以来重要文献选读：上册．北京：人民出版社，1987：80-81.

② 邓小平．邓小平文选：第2卷．2版．北京：人民出版社，1994：194.

③ 邓小平．邓小平文选：第2卷．2版．北京：人民出版社，1994：416-417.

体上达到小康水平；第三步则是指到21世纪中叶，人均国民生产总值达到中等发达国家水平，基本实现现代化。

在“三步走”战略的指引下，中国开始进行对内改革和对外开放。在对内改革上，中国作为一个落后的农业大国，农业是国民经济的基础，百分之八十的人口生活在农村，改革首先从农村开始。农业合作社由于不适应生产力的发展，对农村和农业生产力的束缚和阻碍日益显现，将土地所有权和经营权分离，实行土地集体所有、农户自主经营的家庭联产承包责任制改革在全国农村开展起来。这一改革的实施，极大地解放了农村生产力，促进了粮食产量的提升，为中国式现代化奠定了坚实的农业基础。家庭联产承包责任制在全国基本确立之后，改革重心开始转移到城市。由于城市经济极其复杂，包含工业、商业和服务业等，故城市改革首要的是经济体制的改革。经济体制改革面临的首要问题是如何处理计划和市场的关系，对此，邓小平认为社会主义和市场经济之间不存在根本矛盾，计划和市场都是经济手段，不是社会主义与资本主义的本质区别。为避免经济体制改革引发国民经济的剧烈波动，改革过程体现出循序渐进的特征。20世纪80年代，我国仍以计划经济为主，强调在计划经济中运用商品经济来进行经济建设，在改革过程中通过价格双轨制作为过渡，不断提高商品经济的地位。1992年党中央进一步提出了“建立社会主义市场经济体制”的改革目标。一方面对国有企业实行政企分离，不断扩大企业经营自主权，建立现代企业制度；另一方面允许多种经济成分长期共同发展，不断提高非公有制经济的市场地位。在改革过程中逐渐确立并完善了公有制为主体、多种所有制经济共同发展的基本经济制度和按劳分配为主体、多种分配方式并存的分配制度，极大地促进了社会生产力的解放和发展。在对外开放上，邓小平指出正确的对外开放政策是实现四个现代化的前提，要“充分利用世界的先进的成果，包括利用世界上可能提供的资金，来加速四个现代化的建设”[①]。在宏观政策上，党和政府从经济特区试点开始，逐渐形成全方位、多层次、宽领域的开放体系。依托对外开放的伟大战略，我国成功引进了当时急需的生产技术和企业管理的相关经验，实现了弯道超车，极大地促进了生产力的迅速发展，同时开展的针对国外经济体制和企业制度的学习，也为对内改革的顺利推进提供了借鉴。

经过二十多年的建设，中国在经济发展、基础设施建设、人民生活水平等多个方面取得了举世瞩目的成就。在经济发展上，2002 年的国内生产总值达到了 10.2 万亿元，与 1997 年相比增长 37.8%；财政收入从 1997 年的 8 651 亿元增长至 2002 年的 1.89 万亿元，约增长 120%；国家外汇储备从 1 399 亿美元上升至 2 964 亿美元，增长 111.8%。基础设施建设上，我国完成了 3 500 公里以上的长江干堤和上千公里的黄河堤防加固工程。长江三峡水利枢纽二期工程也已基本完工。交通基础设施建设快速发展，现代综合运输体系初步成型。2002 年我国高速公路建成通车 2.52 万公里，从 1997 年的世界排名第 39 位上升至世界第 2 位；固定电话和移动电话用户从 1997 年的 8 354 万户增长至 2002 年的 4.21 亿户，稳居世界首位。人民生活水平得到显著改善。其中，城镇居民人均可支配收入由 1997 年的 5 160 元增长到 2002 年的 7 703 元，农村居民人均纯收入由 2 090 元增长到 2 476 元。城乡居民存款余额由 4.6 万亿元增加到 8.7 万亿元。此外，农村贫困人口减少 43.15%，从 4 960 万人下降至 2 820 万人。

---

① 邓小平．邓小平文选：第 2 卷．2 版．北京：人民出版社，1994：234.

可以看出，在“三步走”战略思想的指引下，中国成功摆脱了“贫困陷阱”，为努力跨越“中等收入陷阱”奠定了坚实基础。这不仅为当下中国现代化建设指明了具体方向，还进一步明确了中国式现代化的时代特征。作为现代化与中国国情相结合的产物，中国式现代化标志着中华民族对于现代化的探索与努力已然实现了从自发到自觉的历史跨越，成为保障中国社会主义现代化建设事业持续、健康、高效发展的有效手段，对中华民族伟大复兴产生了深远影响。

二、科学发展观与全面建设小康社会

进入 21 世纪，我国在取得举世瞩目的经济发展成就的同时，也面临着资源能源消耗过大、环境污染日趋严重的发展困难。“一些国家和地区的发展历程表明，在人均国内生产总值突破一千美元之后，经济社会就进入了一个关键的发展阶段。在这个阶段，既有因为举措得当从而促进经济快速发展和社会平稳进步的成功经验，也有因为应对失误从而导致经济徘徊不前和社会长期动荡的失败教训。”[①] 这一论述表明，一方面，在这一关键时期，“人民日益增长的物质文化需要同落后的社会生产之间的矛盾”仍然是中国社会的主要矛盾，必须要以全面建设小康社会为抓手不断解放和发展生产力；另一方面，中国社会的矛盾关系由抓好主要矛盾是解决非主要矛盾的重要手段转变为不兼顾解决好某些非主要矛盾就难以继续抓好主要矛盾，这一点集中体现在社会和谐问题已经成为经济持续发展的制约因素。从现实情况来看，这一系列矛盾不断凸显的一个重要原因是发展观

① 中共中央文献研究室．十六大以来重要文献选编：中．北京：中央文献出版社，2006：60.

层面出现了问题。部分地区和部门在经济建设过程中盲目追求 GDP，坚持“唯 GDP 论”，把“以经济建设为中心”视为“以速度为中心”，片面地追求经济发展的速度而忽视了经济发展的效益。为此，胡锦涛指出：“我们讲发展是党执政兴国的第一要务，这里的发展绝不只是指经济增长，而是要坚持以经济建设为中心，在经济发展的基础上实现社会全面发展。”①

为应对新的机遇和挑战，以胡锦涛同志为主要代表的中国共产党人坚持以马克思主义为指导，立足当前阶段的经济发展实践，将科学发展观作为引领中国经济改革和发展的指导思想。在这一思想指导下，通过大力推进构建社会主义和谐社会来实现社会的全面发展与进步。2003 年 4 月，胡锦涛在广东考察期间，重点听取了广东省委省政府所做的工作汇报，并提出要坚持“全面的发展观”。同年 7 月，胡锦涛在讲话中指出：“发展是以经济建设为中心、经济政治文化相协调的发展，是促进人与自然相和谐的可持续发展。”② 随后，在江西考察期间，胡锦涛第一次明确提出了“科学发展观”这一概念，指出要牢固树立协调发展、全面发展、可持续发展的科学发展观。在 2004 年 3 月的中央人口资源环境工作座谈会上，胡锦涛对科学发展观的科学内涵、基本要求和指导意义做了全面阐述，即“坚持以人为本、全面协调可持续的发展观，是我们以邓小平理论和‘三个代表’重要思想为指导，从新世纪新阶段党和国家事业发展全局出发提出的重大战略思想”③。至此，“以人为本”这一概念正式被纳入科学发展观的理论体系之中，标志着我们党对于科学发展的认识有了更进一步的深化与

① 胡锦涛．胡锦涛文选：第 2 卷．北京：人民出版社，2016：67.

② 中共中央文献研究室．十六大以来重要文献选编：上．北京：中共中央文献出版社，2005：363.

③ 胡锦涛．胡锦涛文选：第 2 卷．北京：人民出版社，2016：166.

拓展，这不仅促进了科学发展观理论体系的健全与完善，也彰显了科学发展观的目标归宿。2006 年，党的十六届六中全会通过的《中共中央关于构建社会主义和谐社会若干重大问题的决定》进一步强调要坚持用科学发展观来统领经济社会发展的全局。在同年 12 月的中央经济工作会议上，胡锦涛指出："科学发展观是指导发展的世界观和方法论的集中体现，是运用马克思主义的立场、观点、方法认识和分析社会主义现代化建设的丰富实践，深化对经济社会发展一般规律认识的成果，是我们推进经济建设、政治建设、文化建设、社会建设必须长期坚持的根本指导方针。"[①] 在 2007 年 10 月党的十七大上，胡锦涛进一步指出："科学发展观，是对党的三代中央领导集体关于发展的重要思想的继承和发展，是马克思主义关于发展的世界观和方法论的集中体现，是同马克思列宁主义、毛泽东思想、邓小平理论和'三个代表'重要思想既一脉相承又与时俱进的科学理论，是我国经济社会发展的重要指导方针，是发展中国特色社会主义必须坚持和贯彻的重大战略思想。"[②] 这一系列关键论述表明，我们党对于科学发展观的认识已经从初步的理论构想上升到了世界观和方法论层面，并将其作为指导中国特色社会主义的重要行动指南，落实到全面建设小康社会的全过程和各方面之中。

在科学发展观的正确指引下，全面建设小康社会取得了丰硕的成果。通过将发展作为第一要义，党中央始终牢牢把握住经济建设这一中心，创新发展理念，转变发展方式，实现国民经济又好又快发展。数据显示，2012 年中国的国内生产总值达到了 51.89 万亿元，人均国内生产总值在

① 中央经济工作会议在北京召开．人民日报，2006－12－08.

② 中国共产党第十七次全国代表大会文件汇编．北京：人民出版社，2007：12.

2010年突破3.8万元，比2002年增长308.8%。2012年财政收入达到11.7万亿元。快速的经济发展促进人民收入水平的不断提升，城乡商品交易繁荣活跃。同时，党中央将以人为本作为核心，着力保障人民权益，推动共同富裕。就业方面，2012年末全国就业人员76 704万人，过去十年年均增长超300万人以上。公共卫生事业方面，国家建设的全国疾病预防控制体系和突发公共卫生事件医疗救治体系成效显著，2012年有卫生技术人员414.9万人，医疗卫生机构床位572.5万张。城乡居民收入方面，2012年我国城镇居民人均可支配收入24 126.71元，比2002年增长215.3%，年均增长超20%；农村居民人均纯收入7 916.6元，比2002年增长219.8%。社会保障事业方面，城乡养老、医疗和最低生活保障制度建设取得突破性进展。2012年末，全国参加城镇基本养老保险人数30 426.8万人，参加城镇基本医疗保险人数26 485.6万人，参加失业保险人数15 224.7万人，参加工伤保险人数19 010.1万人。此外，党中央将全面、协调、可持续作为基本要求，着力转变经济发展方式。产业结构方面，2012年第三产业占比45.46%，超过第二产业（45.42%），成为主要推动力。最后，将统筹兼顾作为根本方法，把实施西部大开发、振兴东北地区等老工业基地、促进中部地区崛起、鼓励东部地区率先发展等重大地区发展战略视为统一整体，既坚持系统观点，又做到“以点带面”，重点推进，实现了顾全大局、面面俱到，形成了东中西互动、优势互补、相互促进、共同发展的新格局。

可以看出，“我们之所以能取得这样的历史性成就和进步，最重要的就是坚持以马克思列宁主义、毛泽东思想、邓小平理论、‘三个代表’重要思想为指导，勇于推进实践基础上的理论创新，形成和贯彻了科学发展观，为全面建设小康社会、加快推进社会主义现代化提供了有力的理论指导”①。这一论述深刻阐释了科学发展观在指导全面建设小康社会过程中所发挥的关键性作用。作为马克思主义中国化的理论成果，科学发展观以其开放性和前瞻性实现了实事求是与求真务实的辩证统一，为中国特色社会主义事业的发展打上了时代烙印，推动了中国式现代化的持续向前发展。

第五节 中国特色社会主义新时代与现代化强国

随着中国式现代化建设的不断推进，我国所面临的国内外环境也在悄然发生改变。在国内形势方面，经过数十年的发展与建设，中国特色社会主义进入了新时代。与此同时，我国社会的主要矛盾发生了深刻变化，如何解决不平衡不充分发展的问题成为社会普遍关注的焦点。在国际形势方面，伴随着国际力量对比的深刻调整，世界正在经历百年未有之大变局。针对国内外环境的变化，党的十九届六中全会指出：“党面临的主要任务是，实现第一个百年奋斗目标，开启实现第二个百年奋斗目标新征程，朝

① 全党全国各族人民更加紧密地团结起来 沿着中国特色社会主义伟大道路奋勇前进．人民日报，2012-07-24.

着实现中华民族伟大复兴的宏伟目标继续前进。”① 针对新时代出现的新的挑战与机遇，必须始终坚持党的基本路线不动摇。十九大报告对党的基本路线做了新表述：“全党要牢牢把握社会主义初级阶段这个基本国情，牢牢立足社会主义初级阶段这个最大实际，牢牢坚持党的基本路线这个党和国家的生命线、人民的幸福线，领导和团结全国各族人民，以经济建设为中心，坚持四项基本原则，坚持改革开放，自力更生，艰苦创业，为把我国建设成为富强民主文明和谐美丽的社会主义现代化强国而奋斗。”② 同时，在综合考虑国际国内形势和中国发展条件的基础上，明确了未来中国发展新的历史方位，将 2017—2020 年这段时间视为全面建成小康社会的决胜期，并对第二个百年奋斗目标做了进一步的细化，在新“三步走”战略基础上提出了“两个阶段”的战略目标，即：第一个阶段从 2020 年到 2035 年，基本实现社会主义现代化；第二个阶段从 2035 年到 21 世纪中叶，把我国建成富强民主文明和谐美丽的社会主义现代化强国。

一、坚持和完善中国特色社会主义基本经济制度

进入新时代以来，中国共产党始终坚持以人民为中心，贯彻新发展理念，着力推动中国特色社会主义基本经济制度的健全与完善。

首先，在生产资料所有制上，党中央在继续坚持公有制为主体、多种所有制经济共同发展的基本经济制度的基础上，将重点聚焦在微观主体制度的改革问题上。一方面，在国有企业改革的过程中，以所有权约束机制为抓手，以激励机制为契机，实现重点突破；立足于不同国有企业在国民

---

① 中共中央关于党的百年奋斗重大成就和历史经验的决议．人民日报，2021－11－17.

② 中国共产党第十九次全国代表大会文件汇编．北京：人民出版社，2017：10.

经济中所扮演的角色，着力推进分类改革、分类发展、分类监管、分类定责、分类考核，为实现国有企业混合所有制改革的目标提供关键保障。另一方面，在农村集体产权制度改革上，以深化农村土地制度改革为核心，以推进农业现代化建设为抓手，着力打造现代农业。2014 年《关于引导农村土地经营权有序流转发展农业适度规模经营的意见》中首次提出“三权分置”，并在 9 月召开的中央全面深化改革领导小组第五次会议上做出了完整表述，即“在坚持农村土地集体所有的前提下，促使承包权和经营权分离，形成所有权、承包权、经营权三权分置，经营权流转的格局”。2018 年 12 月 29 日，全国人大常委会修订了《中华人民共和国农村土地承包法》，将“三权分置”予以法律表达。“三权分置”的提出，是我国农村改革中继家庭联产承包责任制之后的又一次重大的理论突破。

其次，在收入分配制度方面，要重点关注分配方式及其实现形式，这是新发展阶段下实现共同富裕的有效途径。从收入分配制度与所有制结构的关系来看，按劳分配为主体对应公有制为主体，而实行多种分配方式并存与多种所有制经济共同发展相呼应。这表明在公有制经济中实行按劳分配方式，私营企业、外资企业等非公有制经济实行按要素所有权分配，充分让资本、劳动力、土地、技术、数据等生产要素在创造财富中发挥重要作用。事实上，在明晰分配制度的同时，收入分配的原则也需与时俱进，进行相应的调整与优化。这就不仅需要继续坚持按劳分配为主体、多种分配方式并存的个人收入分配制度，还需立足于新发展理念中的“共享”原则，对收入分配制度进行进一步改革与优化，着力推进社会公平正义。

最后，在社会主义市场经济体制方面，需要以理论创新为先导，厘清社会主义市场经济的运行机制，在更好地发挥市场在资源配置中的决定性作用的同时，充分发挥好政府的作用。习近平指出："使市场在资源配置中起决定性作用和更好发挥政府作用，二者是有机统一的，不是相互否定的，不能把二者割裂开来、对立起来"①。这是现阶段运用马克思主义唯物辩证法处理市场和政府间关系的精辟体现。在系统总结改革开放以来我们在理论上所取得的创新和实践上所取得的成就的基础上，2019 年中共十九届四中全会提出"公有制为主体、多种所有制经济共同发展"、"按劳分配为主体、多种分配方式并存"和社会主义市场经济体制从内容上看相互协调，从体系上看有机统一，三者共同构成了中国特色社会主义基本经济制度的主体内容，成为中国特色社会主义基本经济制度更加完善、更加成熟的重要标志。此外，在继续坚持和完善中国特色社会主义基本经济制度的同时，应立足新发展阶段，对新的矛盾与挑战进行全新研判，提出全新的经济发展理念来把握新时代中国特色社会主义发展的方向与路线，为实现社会主义现代化保驾护航。

二、社会主义现代化建设的实践探索

伴随着经济社会发展水平的不断提升，社会主义现代化的内涵与理念也在不断丰富。在其完善发展的背后，根本的核心逻辑并没有发生改变，那就是以人民为中心，以改革为抓手，正确处理好生产力与生产关系、经济基础与上层建筑的关系，从而进一步解放和发展生产力，使发展成果惠及全体人民，最终实现共同富裕。在全面建成小康社会的战略目标达成后，需要站在新的历史起点上以实现全面建成社会主义现代化强国为目

① 习近平．习近平谈治国理政：第 1 卷．北京：外文出版社，2018：117.

标，进行新的探索与努力。习近平指出，“当前和今后一个时期，我国发展仍然处于重要战略机遇期”①，既面临着科技革命、产业革命、绿色革命和改革开放深入发展的机遇，同时也有新冠肺炎疫情全面蔓延压力、逆经济全球化风潮、单边主义保护主义抬头的危机。面对世界百年未有之大变局，在思想上要时刻保持危机意识，居安思危；在实际行动中则要着力发挥中国特色社会主义的独特优势，努力将外部压力转化为内部发展的动力。具体从以下四个方面展开：

第一，贯彻落实新发展理念，形成新发展格局。坚持新发展理念，完善社会主义市场经济体制，充分发挥市场在资源配置中的决定性作用，实现资源优化配置的精准性和集约度；将对 GDP 的关注重点从总体体量、发展规律、增长速度向整体质量、经济结构、发展安全和实际效益转变，从经济发展向社会发展、制度完善、人的全面发展转变。通过构建以国内大循环为主体、国内国际双循环相互促进的新发展格局，打造高效循环的国民经济和社会发展体系，实现高效、公平、可持续的发展。

第二，全面深化改革。通过全面深化经济体制改革，开拓社会主义市场经济发展的新境界，推动社会主义市场经济向更高水平发展；同时坚持法治引领，完善法治保障，制定市场规则，维护市场秩序，营造良好的营商环境。此外，还要坚持全方位对外开放，不断提高对外开放的水平，以开放促改革、促发展，积极推进国际合作，构建良好的世界经济新秩序，形成互利共赢的现代化开放型经济体制。在实际的经济建设过程中，一方面，我国正在以更加积极的姿态适应经济全球化所提出的新要求，主动融

① 中共中央关于制定国民经济和社会发展第十四个五年规划和二〇三五年远景目标的建议．人民日报，2020－11－04.

入全球产业链，立足国内和国际两个大局，利用国内和国际两个市场、两种资源，发展更高水平的开放型经济；另一方面，我国以大力推进“一带一路”高质量发展为抓手，积极参与到全球经济治理体系之中，着力构建国际经济新秩序，推动全球经济朝着平等公正、合作共赢的方向大步前进，为构建人类命运共同体奠定物质基础。

第三，加快经济结构优化升级。在目前新一轮科技革命和产业变革深入发展的关键时期，应当把握住全球产业链、供应链和价值链重构、再造的历史契机，在双循环理念的指引下，充分发挥我国具有超大规模市场的显著优势，推进供给侧结构性改革，优化产业发展的经济社会环境，深化产业国际合作，提升全球竞争力。同时，我们也应抢抓数字经济发展机遇期，利用数字技术，实现“产业数字化”“数字产业化”，推动产业结构优化升级。

第四，着力助推科技创新。目前世界正处在智能化革命推动生产力发展的第四次工业革命初始阶段，科学与技术密切结合，在推动生产力发展上发挥着越来越重要的作用。中国迎来了实现弯道超车的历史机遇。在全面建成社会主义现代化强国的道路上需要不断加强自主创新能力，努力攻克高端科技领域的“卡脖子”难题，以人工智能、物联网、机器人及云计算等技术的快速发展推动中国产业的转型升级，在新一轮的产业革命中抢先占据优势地位。

当前，中国共产党的全面领导与改革创新互动释放出强大的发展效能，中国特色社会主义国家制度和国家治理体系的显著优势得到进一步发挥。2020 年，受到新冠肺炎疫情的冲击，世界经济出现了严重的衰退趋势，但中国 GDP 仍保持了 2.3%的增速，成为全球唯一实现国民经济正增长的主要经济体，为全球经济的复苏和发展带来了积极的溢出效应，对全球经济的稳定回升起到了推动作用。同时，中国 GDP 总量首次超过 100

万亿元大关。根据多家机构预测，中国在未来十年中仍可实现5%～6%的经济增长，预计2030年中国的经济体量将成为全球第一。中国共产党领导的中国式现代化通过长期稳定、快速发展逐渐形成了独特的“中国道路”，中国社会主义现代化的进程也已经从近代以来缺乏经验的盲目照搬照抄、“摸着石头过河”发展到了改革驱动、创新引领的新发展阶段，正朝着全面建成社会主义现代化强国的目标稳步前进。

第五章

中国式现代化的目标与挑战

第一节
中国式现代化的目标

一、中国式现代化的长期目标和阶段实现

自 18 世纪工业革命以来，现代化就作为一个世界现象，成为世界各国的追求目标。然而，在追求现代化的进程中，中国却落伍了，甚至一度沦落到了落后挨打的局面之中。经历了近代以来的屈辱历史后，中国人民终于在中国共产党的领导下，历经曲折，在经过了从站起来到富起来再到强起来的三个发展阶段后，实现了从落后到赶超的历史性跨越。可以说，“90 多年来，中国共产党领导中国人民的一切奋斗，归根到底都是为了实现社会主义现代化和中华民族伟大复兴这一伟大目标”①。站在新的历史起点上，党的十九大提出到本世纪中叶把我国建成富强民主文明和谐美丽的社会主义现代化强国这一新的现代化长期奋斗目标。该目标以“五位一体”总体布局为基本策略，包含经济、政治、文化、社会和生态五个方面内容。

---

① 《新时代 新理论 新征程》编写组．新时代 新理论 新征程．北京：人民出版社，2018：54.

第一，在经济方面，把我国建设成为“富强”的社会主义现代化国家，即“拥有高度的物质文明，经济实力、科技实力和社会生产力将大幅跃升，核心竞争力名列世界前茅，成为综合国力和国际影响力领先的国家”①。丰裕的物质文明是现代化国家最为显著的标志之一。经过四十余年的经济增长，相比过去经济落后的状况，我国的经济实力、科技实力和社会生产力都得到了空前发展，这为我国进一步推进社会主义现代化强国建设奠定了坚实的物质基础。但是，相较于世界上其他现代化的发达国家，我国虽然GDP总量已跃居世界第二位，但在人均GDP上仍然落后，这体现了我国的现代化是人口规模巨大的现代化这一典型特征。同时，在驱动经济发展的内在动力上，我国科技创新的实力还有待提升，关键技术、关键零部件“卡脖子”问题仍然突出，社会生产力水平还难以满足人民日益增长的对于高质量产品的需求。这一系列矛盾和难题在很大程度上是由过去依靠资源和要素驱动的发展方式所导致的，制约了我国经济现代化的步伐。发展是解决我国一切问题的基础和关键，通过着力转变经济发展方式、转换增长动力，实现创新驱动的高质量发展，制约经济发展的矛盾和问题将不断得到解决。从客观来看，我国经济实力、科技实力和综合国力仍有巨大的增长潜力和空间，如果能够补齐其中的短板，物质文明将得到极大的提升。

第二，在政治方面，把我国建设成为“民主”的社会主义现代化国家，即“拥有高度的政治文明，法治国家、法治政府、法治社会全面建成，实现国家治理体系和治理能力现代化，中国特色社会主义民主政治制

① 中共中央党校（国家行政学院）. 习近平新时代中国特色社会主义思想基本问题. 北京：人民出版社，中共中央党校出版社，2020：154.

度成熟定型并将充分发挥其优势和特点”[①]。人民是历史的创造者，是决定党和国家前途命运的根本力量，充分保障人民平等参与、平等发展的权利，是中国共产党人的不懈追求。“综观世界近现代史，凡是顺利实现现代化的国家，没有一个不是较好解决了法治和人治问题的”[②]。人类历史发展经验表明，国家实现现代化，必须依靠法治。法治建设既要建设法治政府，实现公权力机构的法治化，又要建设法治社会，用法律引导并规范社会活动主体的行为，实现社会生活领域的法治化。我国要建设“民主”的社会主义现代化国家，制度模式的选择不仅要借鉴其他国家现代化的有益成果，而且要考虑我国特殊的历史、国情，不能照搬照抄。历史实践表明，以人民为中心的中国特色社会主义民主政治制度是我国经济繁荣发展、人民生活幸福的制度保障。党的十九届六中全会强调：“党的十八大以来，中国特色社会主义法治体系不断健全，法治中国建设迈出坚实步伐……党运用法治方式领导和治理国家的能力显著增强。”[③] 加快实现“民主”的社会主义现代化建设目标，要持续发展完善中国特色社会主义民主制度，使其优越性和效能得到充分发挥。

第三，在文化方面，把我国建设成为“文明”的社会主义现代化国家，即“拥有高度的精神文明，国民素质显著提高，践行社会主义核心价值观成为全社会自觉行动，中国精神、中国价值、中国力量成为中国发展的重要影响力和推动力”[④]。从世界范围看，现代化不仅要实现富裕的物质

---

① 中共中央党校（国家行政学院）. 习近平新时代中国特色社会主义思想基本问题 . 北京：人民出版社，中共中央党校出版社，2020：154 - 155.

② 中共中央文献研究室 . 习近平关于全面依法治国论述摘编 . 北京：中央文献出版社，2015：12.

③ 中共中央关于党的百年奋斗重大成就和历史经验的决议 . 人民日报，2021 - 11 - 17.

④ 中共中央党校（国家行政学院）. 习近平新时代中国特色社会主义思想基本问题 . 北京：人民出版社，中共中央党校出版社，2020：155.

文明和先进的制度文明，还要实现繁荣的精神文明。我国现代化是物质文明和精神文明相协调的现代化，推进物质文明和精神文明的同步发展是我国现代化的一个重要特征。当前，我国人民群众的物质生活水平在整体上得到极大的改善，然而物质财富的增加并不意味着文明的同步提升。“人无精神则不立，国无精神则不强”，实现社会主义现代化，一方面要提高国民科学素质，使其与现代社会生产方式和社会制度相适应；另一方面要提高国民道德素质，注重弘扬以爱国主义为核心的民族精神和以改革创新为核心的时代精神、弘扬社会主义核心价值观，使优秀的中国精神和中国价值内化为国民的道德修养和思维方式，外化为国民的行为规范和准则，最终转化为建设社会主义现代化的现实行动。

第四，在社会方面，把我国建设成为“和谐”的社会主义现代化国家，即“拥有高度的社会文明，城乡居民普遍拥有较高的收入、富裕的生活、健全的基本公共服务，享有更加幸福安康的生活，全体人民共同富裕基本实现，公平正义普遍彰显，社会充满活力而又规范有序”①。社会生活的文明程度是现代化的重要标志之一，我国的现代化是全体人民共同富裕的现代化。使改革发展的成果惠及全体人民，既是建设和谐的社会主义现代化的重要目标，也是建设全体人民共同富裕的现代化的本质要求。当前，我国城乡居民收入水平逐步提高，但城乡居民间收入差距不断扩大；社会公共服务体系逐步建立，但社会公共服务均等化程度在不同地区、不同群体间存在较大差异；社会大局总体稳定，但局部的矛盾不断。我国要建设实现共同富裕的社会主义现代化国家，发展的根本目的就是为了增进

① 中共中央党校（国家行政学院）. 习近平新时代中国特色社会主义思想基本问题. 北京：人民出版社，中共中央党校出版社，2020：155.

全体人民的民生福祉，这就要求我们解决人民群众最关心、最直接、最现实的利益问题，要从收入分配、基本公共服务、社会公平正义等方面着手，大力解决民生领域的不平衡不充分发展问题，补齐民生短板，实现幼有所育、劳有所得、病有所医、老有所养。

第五，在生态方面，把我国建设成为“美丽”的社会主义现代化国家，即“拥有高度的生态文明，天蓝、地绿、水清的优美生态环境成为普遍常态，开创人与自然和谐共生新境界”①。改革开放四十余年，我国在创造了举世瞩目的发展成就的同时，也出现了环境污染问题恶化和生态系统退化等问题。生态环境是人类赖以生存和发展的基础，我国环境现状不仅没有满足人民日益增长的优质生态产品需要，甚至对人民群众的身心健康造成严重威胁，如果任凭环境持续恶化，经济社会长期发展将难以为继。我国要建设的社会主义现代化是人与自然和谐共生的现代化，基于当前我国面临的生态环境挑战，在现代化过程中要拒绝走“先污染后治理”的老路，坚持人与自然和谐共生的原则，致力于经济与生态同步发展，在为人民群众提供丰裕的物质产品和精神产品的同时，也为人民群众提供优美的生态产品。

这五个现代化建设目标，并非彼此独立，而是相互联系、相互促进，共同服务于全面建设社会主义现代化国家的总体目标。“富强”是在经济上实现现代化，是社会主义现代化国家的基础，为其他领域的现代化提供物质基础；“民主”是在政治上实现现代化，是社会主义现代化国家的保障，为其他领域的现代化提供制度保障；“文明”是在文化上实现现代化，是社会主义现代化国家的灵魂，为其他领域的现代化提供智力支持和精神

---

① 中共中央党校（国家行政学院）. 习近平新时代中国特色社会主义思想基本问题. 北京：人民出版社，中共中央党校出版社，2020：155－156.

动力；“和谐”是在社会层面实现现代化，是社会主义现代化国家的社会环境，为其他领域的现代化提供运行场所；“美丽”是在生态上实现现代化，是社会主义现代化国家的自然环境，为其他领域的现代化提供持续发展的资源和条件。

“建设富强民主文明和谐的社会主义现代化国家，实现中华民族伟大复兴，是鸦片战争以来中国人民最伟大的梦想，是中华民族的最高利益和根本利益。今天，我们 13 亿多人的一切奋斗归根到底都是为了实现这一伟大目标。”[①] 建设社会主义现代化国家、实现中华民族伟大复兴这一宏伟目标，不可能一蹴而就，还需要将其进行分解，分阶段、有步骤地推进。党的十九大对全面建成社会主义现代化强国这一长期目标做出分两个阶段推进的战略安排：第一个阶段从 2020 年到 2035 年，基本实现社会主义现代化；第二个阶段从 2035 年到 21 世纪中叶，把我国建成富强民主文明和谐美丽的社会主义现代化强国。

二、中国式现代化的具体目标和任务

在“五位一体”总体布局引领下，实现中国式现代化的长远目标，需要对目标进行阶段性拆分，通过对具体任务的落实最终加以实现。在短期目标和任务确定上，中国形成了以五年规划（计划）为特色的治国理政方式，新中国成立以来我国已经制定并完成了十三个五年规划（计划），这些规划（计划）对五年内的阶段性目标任务和重点工作进行了详细部署，指引具体阶段内的经济社会发展方向。站在全面建成小康社会、开启全面

---

① 习近平．在网络安全和信息化工作座谈会上的讲话．人民日报，2016－04－26.

建设社会主义现代化国家新征程的关键历史节点上，我国制定并发布了《中华人民共和国国民经济和社会发展第十四个五年规划和2035年远景目标纲要》，其不仅立足近期，提出了“十四五”规划的短期目标，就“十四五”时期我国的改革发展做出战略部署，还展望中期，提出2035年远景目标。“十四五”规划和2035年远景目标，以21世纪中叶全面建成社会主义现代化强国的长期目标为牵引，按照“五位一体”总体布局，由近及远、由浅入深地指出了2021—2035年我国在政治、经济、文化、社会、生态建设五个方面要努力达成的具体任务（见表5-1）。

表5-1 2035年远景目标和“十四五”规划目标

	目标类型	2035年远景目标	“十四五”规划目标
经济建设	增长	经济总量和城乡居民人均收入将再迈上新的大台阶	国内生产总值年均增长保持在合理区间；全员劳动生产率增长高于国内生产总值增长
	创新	关键核心技术实现重大突破，进入创新型国家前列	创新能力显著提升，全社会研发经费投入年均增长7%以上，力争投入强度高于“十三五”时期实际
	产业发展	基本实现新型工业化、信息化、城镇化、农业现代化	经济结构更加优化，产业基础高级化、产业链现代化水平明显提高，农业基础更加稳固，城乡区域发展协调性明显增强，常住人口城镇化率提高到65%
	对外开放	形成对外开放新格局	高标准市场体系基本建成，产权制度改革和要素市场化配置改革取得重大进展，公平竞争制度更加健全
政治建设	政治制度	人民平等参与、平等发展权利得到充分保障，基本建成法治国家、法治政府、法治社会	社会主义民主法治更加健全
	国家治理	基本实现国家治理体系和治理能力现代化	国家行政体系更加完善，社会治理特别是基层治理水平明显提高
	国家安全	基本实现国防和军队现代化	防范化解重大风险体制机制不断健全，突发公共事件应急处置能力显著增强，国防和军队现代化迈出重大步伐

续表

	目标类型	2035 年远景目标	“十四五”规划目标
文化建设	社会文明	建成文化强国	社会主义核心价值观深入人心，公共文化服务体系和文化产业体系更加健全
	国民素质	建成教育强国、体育强国、健康中国	人民思想道德素质、科学文化素质和身心健康素质明显提高
社会建设	收入分配	人均国内生产总值达到中等发达国家水平，中等收入群体显著扩大	分配结构明显改善
	公共服务	基本公共服务实现均等化	基本公共服务均等化水平明显提高，实现更加充分更高质量就业，多层次社会保障体系更加健全，卫生健康体系更加完善
	共同富裕	全体人民共同富裕取得更为明显的实质性进展，城乡区域发展差距和居民生活水平差距显著缩小	全体人民共同富裕迈出坚实步伐，脱贫攻坚成果巩固拓展，乡村振兴战略全面推进
生态建设	生产生活方式	广泛形成绿色生产生活方式	生产生活方式绿色转型成效显著
	节能减排	碳排放达峰后稳中有降	能源资源配置更加合理、利用效率大幅提高，主要污染物排放总量持续减少
	生态环境	生态环境根本好转	国土空间开发保护格局得到优化，城乡人居环境明显改善

资料来源：中华人民共和国国民经济和社会发展第十四个五年规划和 2035 年远景目标纲要．人民日报，2021－03－13.

在经济现代化上，经济建设的具体任务是对内保持经济增长、强化创新驱动和推进“新四化”建设，对外保持进一步开放。GDP 总量和人均 GDP 是衡量现代化的最基本也是最重要的指标，中国式现代化，既是“人口规模巨大的现代化”，也是“全体人民共同富裕的现代化”①，不仅要求

① 习近平．把握新发展阶段，贯彻新发展理念，构建新发展格局．求是，2021（9）：4－18.

做大“蛋糕”，保持经济总量增长，而且要求分好“蛋糕”，实现各类居民收入共同提高。其中，做大“蛋糕”是分好“蛋糕”的基础，分好“蛋糕”有利于进一步做大“蛋糕”。要做大并分好“蛋糕”，促进国家和国民财富的持续增长，必须要保持经济高质量发展。

实现经济现代化，对内要推进新型工业化、信息化、城镇化和农业现代化，对外要不断推动高水平对外扩大开放。从世界各国的发展经验来看，任何一个国家的现代化都离不开工业化、城镇化和农业现代化的互动发展。随着新一轮信息产业革命的发展，信息化成为新的现代化特征，与工业化、城镇化、农业现代化融合，推动现代化朝着更高水平迈进。改革开放以来我国的经济发展实践证明，对外开放是我国经济社会发展的重要推动力，当前经济全球化深入发展，要顺应经济全球化潮流，更加积极地融入全球化，全方位获取对我国发展有益的资金、技术、市场和人才要素等，为我国经济高质量发展开辟新空间。与此同时，也要通过转变经济发展方式，优化经济结构，培育竞争新优势，提升我国在全球价值链中的位置。

在政治现代化上，政治建设的具体任务是完善民主政治制度、提升治理水平和保障国家安全。新中国成立以来，我们党在实践中不断探索国家治理体系和治理能力问题并取得重大成就，实现了经济发展、人民幸福、社会稳定。未来，随着各个领域现代化的推进，治理体系和治理能力也需要进一步改革以满足时代发展与社会进步的要求。党的十九届六中全会指出：“民心是最大的政治，正义是最强的力量。党的最大政治优势是密切联系群众，党执政后的最大危险是脱离群众。”① 在实现政治现代化上，要

① 中共中央关于党的百年奋斗重大成就和历史经验的决议．人民日报，2021－11－17.

以国家治理体系和治理能力现代化为抓手，以民主政治建设为核心，完善和发展中国特色社会主义民主政治制度，保障人民群众平等参与、平等发展的权利。法治国家建设是实现中国特色社会主义政治现代化的重要路径，“党的十八大以来，中国特色社会主义法治体系不断健全，法治中国建设迈出坚实步伐，法治固根本、稳预期、利长远的保障作用进一步发挥，党运用法治方式领导和治理国家的能力显著增强”[①]。进一步加快政治现代化建设，一方面要坚持中国共产党的领导，推动构成国家治理体系各项制度的法律法规改革与完善，另一方面要继续深化党领导下的司法体制改革，加强对执法司法活动的监督制约，确保执法司法公正廉洁高效权威。

在文化现代化上，文化建设的具体任务是发展社会文明，全面提升国民精神文化素质，满足人民群众对美好文化生活的新期待。社会主义现代化强国，既是硬实力强国，也是软实力强国。增强国家文化软实力，文化强国建设是应有之义。衡量一个国家文化软实力的重要标准之一就是文化是否繁荣，促进社会主义文化繁荣发展，就是构筑文化软实力的基石。而教育是实现这一目标的最直接也是最高效的途径，加大文化和素质教育力度是实现文化建设的重要抓手。党的十九大报告明确指出，“文化自信是一个国家、一个民族发展中更基本、更深沉、更持久的力量”[②]，新时期加快文化建设，要牢牢抓住提升国民文化水平这一关键环节，坚持以社会主义核心价值观引领文化建设，推动全社会凝聚力和向心力进一步提升。

---

① 中共中央关于党的百年奋斗重大成就和历史经验的决议．人民日报，2021-11-17.

② 习近平．决胜全面建成小康社会 夺取新时代中国特色社会主义伟大胜利：在中国共产党第十九次全国代表大会上的报告．人民日报，2017-10-28.

在社会现代化上，社会建设的具体任务是改善收入分配结构，推动公共服务均等化，推进全体人民共同富裕。中国的现代化是全体人民共同富裕的现代化，要实现全体人民共同富裕的现代化，实现民生的现代化是关键。我国是社会主义国家，共同富裕是社会主义的本质要求。全体人民共同富裕的实现，既要增加财富，也要分好财富。要实现真正意义上的人民共享发展成果：一要靠良好的收入分配制度，多劳多得，少劳少得，提高低收入者收入，扩大中等收入群体。二要靠基本公共服务均等化，通过公共服务均等化实现劳动者参与市场机会的均等化。享受基本公共服务是公民的基本权利，但我国目前存在公共服务供给不足、布局不均的问题，要解决该问题，既要扩大基本公共服务的供给，又要缩小城乡、区域、人群间享受公共服务水平的差距。

在生态现代化上，生态建设的具体任务是推动生产生活方式绿色转型，推进节能减排和全面改善生态环境。“生态兴则文明兴，生态衰则文明衰”①，生态是人类社会产生、存在和发展的基础，伤害生态就是破坏人类发展的地基，人类必须与自然和谐相处，才能持续发展。中国的现代化是人与自然和谐共生的现代化，基本实现生态现代化，最根本的途径在于改变各个环境责任主体的发展方式。对于公民来说，要将绿色意识转化为绿色行动，实现生活方式的绿色化，而生活方式绿色化派生的对于绿色产品的市场需求，将从源头上引导企业主体改变生产方式，进而推动产业结构的绿色转型。此外，生态环境问题是世界各国共同面临的问题，环境治理需要全球共同努力，我国作为负责任的大国，积极参与国际环境合作，

① 中共中央文献研究室．习近平关于社会主义生态文明建设论述摘编．北京：中央文献出版社，2017：6.

在完成2030年碳达峰的目标后，继续减少碳排放，为全球环境治理贡献中国力量。

第二节
建设社会主义现代化国家的挑战

2021年7月1日，习近平总书记在庆祝中国共产党成立100周年大会上，代表党和人民庄严宣告："经过全党全国各族人民持续奋斗，我们实现了第一个百年奋斗目标，在中华大地上全面建成了小康社会，历史性地解决了绝对贫困问题，正在意气风发向着全面建成社会主义现代化强国的第二个百年奋斗目标迈进。"①

站在全面建成小康社会的新起点上，回顾中国的发展进程。新中国成立以来，中国社会主要面临着"人民日益增长的物质文化需要同落后的社会生产之间的矛盾"。随着生产力水平的不断提高和第一个百年奋斗目标的实现，这一矛盾已经基本得到解决，但是，一些发展不平衡不充分的问题仍然突出。我国的"发展质量和效益还不高，创新能力不够强，实体经济水平有待提高，生态环境保护任重道远；民生领域还有不少短板，脱贫

① 习近平．在庆祝中国共产党成立100周年大会上的讲话．人民日报，2021-07-02.

攻坚任务艰巨，城乡区域发展和收入分配差距依然较大，群众在就业、教育、医疗、居住、养老等方面面临不少难题；社会文明水平尚需提高；社会矛盾和问题交织叠加，全面依法治国任务依然繁重，国家治理体系和治理能力有待加强；意识形态领域斗争依然复杂，国家安全面临新情况；一些改革部署和重大政策措施需要进一步落实；党的建设方面还存在不少薄弱环节”①，对我国全面建成社会主义现代化强国形成了巨大挑战。随着中国特色社会主义进入新时代，我国的社会主要矛盾已经转向“人民日益增长的美好生活需要和不平衡不充分的发展之间的矛盾”。

在这一背景下，实现第二个百年奋斗目标——到新中国成立一百年时，把我国建成富强民主文明和谐美丽的社会主义现代化强国——所面临的主要挑战和任务就是要解决经济、政治、文化、社会和生态文明领域内的发展不平衡不充分问题，进而实现经济、政治、文化、社会和生态文明的全面发展。

一、现代化经济建设中的挑战

实现中国式现代化，首先要构建现代化的经济体系。习近平总书记指出：“建设现代化经济体系，这是党中央从党和国家事业全局出发，着眼于实现‘两个一百年’奋斗目标、顺应中国特色社会主义进入新时代的新要求作出的重大决策部署。国家强，经济体系必须强。只有形成现代化经济体系，才能更好顺应现代化发展潮流和赢得国际竞争主动，也才能为其他领域现代化提供有力支撑。我们要按照建设社会主义现代化强国的要

① 习近平．决胜全面建成小康社会 夺取新时代中国特色社会主义伟大胜利：在中国共产党第十九次全国代表大会上的报告．人民日报，2017-10-28.

求，加快建设现代化经济体系，确保社会主义现代化强国目标如期实现。”① 改革开放以来，我国经济保持了40余年的高速增长，但是，这种增长更多地依赖于要素的投入。随着经济改革的不断推进，这种增长模式面临着多重挑战。可以说，“第二个百年”任务的实现，目前走到了一个“瓶颈突破期”，中国要想实现社会主义现代化，就需要转变发展理念，构建现代化经济体系。

“现代化经济体系，是由社会经济活动各个环节、各个层面、各个领域的相互关系和内在联系构成的一个有机整体。”② 具体地，现代化经济体系又集中表现在现代化的产业体系、市场体系、收入分配体系、区域发展体系、绿色发展体系、全面开放体系和经济运行体系这几个方面。在以往粗放式的发展方式下，中国经济在这些不同的领域都或多或少地积累了一些问题，是未来建设现代化经济体系需要着力破解的难题和挑战。

（一）创新能力仍然薄弱

全面提升创新能力是我国未来建设现代化产业体系的重中之重，也是支撑高质量发展的第一动力。在我国发展初期，由于创新基础相对薄弱，主要采取了引进、消化和吸收的方式实现技术进步。通过技术引进、高科技产品进口，在较短的时间内实现了对先进技术的广泛吸收。这种方式大大降低了技术创新风险，是中国经济高速增长的重要动力机制。在当时的约束条件下，可以说引进消化吸收的创新模式获得了巨大的成功。但是，

---

① 深刻认识建设现代化经济体系重要性 推动我国经济发展焕发新活力迈上新台阶．人民日报，2018-02-01.

② 深刻认识建设现代化经济体系重要性 推动我国经济发展焕发新活力迈上新台阶．人民日报，2018-02-01.

这种模式所带来的弊端也是显而易见的。当时中国的产业结构以劳动密集型为主，与西方发达国家相比竞争力较小，并且与技术前沿面的距离较远，技术引进、消化、吸收的空间较大。随着我国资本的积累和产业结构的升级，与世界技术前沿面的距离越来越近。部分产业开始与发达国家形成竞争，产生了一定的利益冲突，因而也再难以获得外来的技术支持。同时，一些处于前沿面上的技术也只能通过自主创新实现，这都导致引进消化吸收这种技术进步模式的收益越来越小。“实践反复告诉我们，关键核心技术是要不来、买不来、讨不来的。只有把关键核心技术掌握在自己手中，才能从根本上保障国家经济安全、国防安全和其他安全。”① “只有努力实现关键核心技术自主可控，才能抓住千载难逢的历史机遇，有力支撑世界科技强国建设，真正发挥创新引领发展的第一动力作用。”②

然而，在数十年的发展中，相关制度和激励大多是围绕引进消化吸收的技术进步模式建立的，导致市场主体普遍缺乏自主创新的动力。目前外部环境和自主创新需求虽然都发生了巨大的变化，但配套的体制机制却迟迟没有进行有效的转变，成了引导市场主体进行自主创新的障碍。例如，在知识产权保护、创新资源分配、技术成果转化等多个环节都存在短板，导致我国在诸多领域面临着技术“卡脖子”问题。如何“破除制约创新驱动发展的体制机制障碍，完善政策和法律法规，创造有利于激发创新活动的体制环境”③ 是我国未来构建现代化产业体系、发挥创新作为引领发展

---

① 习近平．在中国科学院第十九次院士大会、中国工程院第十四次院士大会上的讲话．人民日报，2018-05-29.

② 刘诗瑶．把关键核心技术掌握在自己手中．人民日报，2018-06-25.

③ 习近平主持召开中央财经领导小组第九次会议强调 真抓实干主动作为形成合力 确保中央重大经济决策落地见效．人民日报，2015-02-11.

第一动力的作用过程中将会面临的主要挑战。

（二）改革阻力不断增长

现代化的经济体系必须构建在统一开放、良序竞争的“公平、公开、公正”的市场体系基础上，而完善的市场体系又要求不断深化社会主义市场经济体制改革。在经过 40 多年的改革开放后，市场机制在我国经济发展中已经起到“基础性”甚至“决定性”的作用。但是，不可否认的是，我们国家的一部分市场依然存在着市场准入壁垒过高、市场竞争不充分、市场秩序不规范的情形。例如，有的市场依然存在着对于民营经济的进入壁垒，各个地方存在着不同程度的地方市场保护，部分市场运行过程中存在着行政垄断和人为干预扭曲的情形。这些问题是我国建设现代化经济体系无法绕过的障碍，有效破解这些障碍依赖于社会主义市场经济改革的不断深化。

相比于前 40 年的改革，如今改革的特征已经发生了极大的改变，对我国的改革方法论提出了更高的要求。1978 年以来，中国政府走出了一条自下而上、由局部到整体的渐进式改革道路。这种模式通过“摸着石头过河”和“试错”的方法，弥补了改革初期的经验不足，降低了改革风险，从而为中国经济发展释放出巨大的“改革红利”。然而，现如今，改革的特征已经发生了明显的转变。那些好改的往往都已经改完了，剩下的都是些“难啃的骨头”。第一，以往的改革主要是局部改革，各个部分的联动程度较低，只需要相对较少的部门进行配合便能够完成改革。但是，如今的改革往往都处于社会发展的重大领域和关键环节，具有“牵一发而动全身”的特征，需要多个部门甚至多个区域间相互配合才能够顺利实施。第二，以往的改革主要是“帕累托改进”式的，它在提高部分群体的利益时，不会降低另一部分群体的利益。但随着改革的深入，“帕累托改进”式的改革逐渐减少，更多地表现出“卡尔多改进”的特征。也即，虽然改革使得社会整体福利提高，但其中一部分群体的利益会受到损害。不仅如此，经过了数十年的发展，有些问题往往已经根深蒂固。尽管中央三令五申要破除这些沉疴积弊，但是，到了落地环节，各项改革制度往往陷入“空转”和“踢皮球”中，这种“半拉子改革”增大了预期不确定性，甚至扭转了人们对于改革的预期。可见，如今的改革面临着更多、更大的挑战。

（三）收入差距逐渐扩大

共同富裕是中华民族自古以来的一个基本理想。中国式现代化就是要“着力践行以人民为中心的发展思想……以人民为中心的发展思想，不是一个抽象的、玄奥的概念，不能只停留在口头上、止步于思想环节，而要体现在经济社会发展各个环节……要根据现有条件把能做的事情尽量做起来，积小胜为大胜，不断朝着全体人民共同富裕的目标前进”[①]。概言之，实现全体人民共同富裕，是建设社会主义现代化强国的核心任务与目标。

我国当前居民收入差距仍然较大，并且有进一步扩大的趋势。根据国家统计局数据，我国居民收入的基尼系数自 2000 年超过警戒线水平 0.4 以后，便再没有回到该值以下。财产基尼系数更是在 0.7 以上。近年来，我国居民收入差距又出现了新的特征，需要保持警惕，主要表现在以下三个方面：第一，中等收入人群（收入位于中间 20%）的收入增速大幅下降。21 世纪以来，中国居民收入差距在持续扩大，近年来伴随着经济下行

① 习近平．深入理解新发展理念．求是，2019（10）：4－16.

压力的增大，不同阶层群体的收入增速出现不同程度的下滑。其中，又以中等收入群体收入增速下滑得最为严重，而高等收入群体的收入增速反而实现了稳中有升。根据国家统计局数据，2015—2019 年，中等收入群体的收入增速从 9.58%下降到 7.96%，而高等收入群体的收入增速则从 7.01%增加到 8.79%。第二，低收入群体脆弱性进一步凸显。中低收入群体的收入主要来源于工资性收入，而高收入群体的收入主要来源于财产性收入。在经济下行压力加大的背景下，实体经济生存环境逐渐恶化，中低收入群体受到了更大的影响。特别是，在 2020 年新冠肺炎疫情的冲击下，中低收入群体的脆弱性进一步暴露。2020 年，中间偏下收入群体（收入位于中间偏下的 20%）和低收入群体（收入最低的 20%）的收入增速相比于 2019 年分别下滑了 7.98 个百分点和 5.65 个百分点，而高收入群体仅仅下滑了 3.06 个百分点，受到的影响明显较小。其中，又以中小民营企业员工受到的影响最大，2020 年第一季度，小型企业从业人员受到的影响比大型和中型企业高出近 1/3。第三，中低收入群体的债务压力不断攀升。截至 2021 年底，中国居民部门杠杆率达到 62.2%①。从居民部门杠杆率的结构来看，债务负担最重的是中低收入群体②。这将对中低收入群体未来的消费能力产生直接性的抑制作用。

（四）城乡、区域发展不协调

无论是从经济可持续发展，还是从共同富裕的最终目标来看，城乡、

---

① 2021 年度中国杠杆率报告：杠杆率降幅明显为政策留出空间．（2022-02-15）［2022-07-10］. https://baijiahao.baidu.com/S?id=1724789521348697392&wfr=spider&for=pc.

② 刘伟，陈彦斌．“两个一百年”奋斗目标之间的经济发展：任务、挑战与应对方略．中国社会科学，2021（3）：86-102，206.

区域发展不协调都是我国迈向社会主义现代化强国的道路中所必须要解决的问题。

第一，城乡发展不协调。新中国成立初期，为了尽快摆脱“落后挨打”的局面，屹立于世界强国之林，中国首先需要建立自己的重工业和国防体系。但是，中国经济的起点很低，物质积累极其匮乏。面对这种条件约束，中国主要采取了偏向型的城乡发展模式，通过人为地压低农业产品价格，利用工农业产品的“剪刀差”来补贴重工业的发展。这种发展模式使得新中国在短期内迅速地建立起了相对完备的工业体系，为改革开放后的经济成就奠定了基础。但是，这在很大程度上牺牲了农村建设，导致农业生产效率不高、农村基础设施落后、农民收入水平较低的“三农”问题。改革开放后，中国走出了一条以非农化解决农业问题、以城市化解决农村问题、以农村劳动力转移解决农民问题的“三农”应对道路，在当时的环境下取得了一定的效果。该模式得益于在工业化发展的初期阶段农村的大量过剩劳动力，通过引导这部分劳动力向工业部门转移，不仅直接支持了工业发展，而且使得农业生产效率获得提高。但是，伴随着农村过剩劳动力的逐渐减少，这种模式的不可持续性逐渐显露，工业部门和农业部门、城市和农村的发展差距反而越来越大。根据国家统计局数据，2013年，城镇和农村居民人均可支配收入分别达到 26 467 元和 9 430 元，收入比达到了 2.8 倍。此后，收入差距虽然开始缩小，但速度十分缓慢，2021年，城镇和农村居民人均可支配收入比仍然高达 2.5 倍。

第二，区域发展不协调。改革开放初期，面对人民提高生活水平的美好愿望，中国迫切需要提升社会整体生产力水平，通过做大“蛋糕”来缓解社会基本矛盾。改革开放初期的东部优先发展战略虽然取得了显著的成绩，但是也使得东部沿海和内陆之间的差距逐渐拉大。进入 21 世纪后，中国政府逐步启动了西部大开发、中部崛起和振兴东北老工业基地等区域协调政策，加大了对欠发达地区的转移支付。然而，由于欠发达地区整体的制度环境较为落后，这种依靠政府资源分配倾斜的策略并没有达到预期的效果。尤其是东北地区，近年来的经济发展速度显著下降，东北三省与东部地区的人均 GDP 差距也逐渐拉大。

（五）环境问题较为严重

十九大报告在总结十八大以来一系列生态文明建设理论和实践的基础上，进一步把“美丽中国”上升到建设什么样的社会主义强国的高度。中国的现代化经济体系，不仅是生产能力的现代化，也是“人与自然和谐发展的现代化”“美好生活的现代化”。

在经济相对落后、物质财富相对匮乏的初期阶段，面对既定的技术与资本约束，依赖资源要素投入成为中国经济增长的重要动力机制。但是，这种发展是以牺牲环境为代价的。根据世界卫生组织公布的 2014 年城市户外空气污染数据，全球 91 个国家 1 626 个城市，室外空气污染最严重的前 100 个城市中，中国有 12 个，前 200 个城市中，中国有 52 个；2014 年中国4 896 个地下水监测点位中水质较差和极差的比例达到 61.5%。同时，日益加剧的环境污染给居民的生命健康造成了严重威胁，空气污染加剧了心肺疾病的发病率。随着中国经济的不断发展和社会主要矛盾的转变，人们对于美好生活环境的要求越来越高。传统增长模式的不可持续性也得到了充分的暴露。这就意味着，未来的现代经济体系的打造，必然要选择绿色发展和可持续发展。建设现代化的经济体系就是要“建设资源节约、环境友好的绿色发展体系，实现绿色循环低碳发展、人与自然和谐共生，牢固树立和践行绿水青山就是金山银山理念，形成人与自然和谐发展现代化建设新格局”①。

（六）内外部环境日趋复杂

纵观世界各国的经济发展轨迹，可以得到的一个基本事实是，开放是经济繁荣的基本元素。中国的经济发展与世界经济全球化的浪潮同样是不可分割的。自 20 世纪 80 年代起，经济全球化的趋势开始进入加速时期。中国的改革开放政策正好顺应了全球化浪潮，并且，中国当时的产业结构和经济发展水平与西方发达国家的利益矛盾尚未充分显现，发展的外部环境相对良好。2001 年，中国加入世界贸易组织以及中美签署贸易发展合作框架协议，标志着中国的开放发展迎来了新的里程碑。长期以来，中国凭借着种类繁多的优惠政策和低廉的劳动力成本，吸引了大批外资进入。这不仅弥补了国内资本不足的缺陷，而且外资带来的先进技术和管理模式，良好地驱动了国内工业的发展，为中国经济腾飞创造了条件。

相比于前 40 年的改革开放，如今的国内国际形势都发生了巨大变化，对现代化的全面开放体系形成了巨大挑战。从国内形势来看，伴随着人口红利递减、“刘易斯拐点”逐渐显现等，国内经济进入了“三期叠加”的新常态时期，传统优势都受到了不同程度的影响。从国际形势来看，世界经济危机以后经济全球化趋势逐渐放缓，“当前，世界经济复苏势头仍然脆弱，全球贸易和投资低迷，大宗商品价格持续波动，引发国际金融危机的深层次矛盾远未解决。一些国家政策内顾倾向加重，保护主义抬头，

---

① 习近平．习近平谈治国理政：第 3 卷．北京：外文出版社，2020：241.

‘逆全球化’思潮暗流涌动”①。2008年世界经济危机以来，国际经济秩序发生新变化，以美国为首的发达国家的经济复苏缓慢，以及新兴经济体经济发展水平的不断提升，使得发达国家开始转变其全球化经济策略，西方世界不断加大对中国的技术封锁，恶化了中国企业的贸易环境。“逆全球化”的趋势逐渐出现，国际范围内的贸易争端和投资壁垒不断加剧。国际经济环境产生的“逆全球化”趋势改变了改革开放以来中国投资驱动的外向型经济增长模式的生存环境。

（七）要素市场发育有待完善

现代化的经济体系也体现为现代化的经济运行体系。从中国经济体制改革的任务来看，其核心和实质就是理顺政府与市场之间的关系，形成有效的资源配置方式，从而促进长期经济增长、提升国民福利。党的十八届三中全会指出：“经济体制改革是全面深化改革的重点，核心问题是处理好政府和市场的关系，使市场在资源配置中起决定性作用和更好发挥政府作用。”②

中国当前的要素市场发育还很不成熟，部分领域内政府与市场的关系依然没有厘清，经济整体的资源配置效率优化受阻。尤其是在部分上游领域中，国家依然维持了明显的垄断特征，严重制约了下游实体部门的发展。例如，中国的资本要素市场发育尚不完善。中国目前的金融结构主要以大型国有银行为主导，金融市场发育程度较低。在这种金融结构下，中

---

① 习近平．坚定信心 共谋发展：在金砖国家领导人第八次会晤大范围会议上的讲话．人民日报，2016-10-17.

② 中国共产党第十八届中央委员会第三次全体会议公报．（2015-06-09）［2022-07-10］. www.gov.cn/hudong/2015-06/09/content_2875841.htm.

小民营企业在竞争信贷资源时通常很难被公平地对待。最为常见的是，一些出现亏损或濒临破产的国有企业仍然能够获得信贷支持，但效益良好的中小民营企业却面临着严重的融资约束。实体经济不振会刺激企业更多地持有金融资产，而这又会不断加剧实体经济的脆弱性。中国的土地要素供给制度也亟须改革。中国的土地目前由政府垄断供给，而地方政府为了维持自身财政，倾向于限制土地供给以推高土地价格和房地产价格，损害了整体经济发展。中国劳动力要素的自由流动也存在着较大的障碍。劳动力流动面临着户籍、社会保障等一系列制度性障碍，导致劳动力市场分割、人口流动受阻等问题。除此之外，包括技术、能源等要素市场也都存在着不同程度的制度性障碍。

二、现代化政治建设中的挑战

加强社会主义民主法治建设，是《中华人民共和国国民经济和社会发展第十四个五年规划和2035年远景目标纲要》对中国现代化政治建设提出的要求。它包含两个方面的内容，一是民主，二是法治。二者相辅相成，不可分割。法治若不以民主为前提，那么法治难免沦为少数群体行使特权的工具，将成为人民群众保护自身利益和权利的枷锁。民主若不以法治为保障，那么民主将无法得到实质性的落实，只能是一种美好愿望。因此，在现代化政治建设中，民主和法治缺一不可。

实现中国社会主义现代化民主政治，必须以法治作为重要保障和基本前提。所谓“法治”，是“整个政治共同体形成以宪法和法律为核心的文明秩序，宪法和法律是建构文明秩序、实现国家治理的主导性规范，立法、行政执法、司法、守法、法律监督是建构文明秩序、实现国家治理的主要方式”[①]。中国正经历着急速的经济社会变革，在由传统社会向现代社会转型的过程中，法治建设亟待加强。

社会文明秩序的维护通常依靠非正式制度和正式制度共同完成。非正式制度主要是指礼俗、习惯等道德规范，正式制度主要是指法律法规。在传统型社会中，非正式制度对社会秩序稳定起到了更为重要的作用。传统型社会的市场活动范围通常较小，人们聚村而居，村庄内部成员以及邻近的村与村之间的互动都较为频繁。这种特征构造了一个相互熟悉的社会，使得人们之间普遍存在着长期的重复博弈行为。此外，由于成员之间长期亲密接触，可以利用“闲言碎语”等方式最大限度地传递信息。违规行为信息会在较短的时间内在市场内部扩散开来，而由于重复博弈的存在，潜在的交易对象也有能力对违规成员进行多边惩罚。例如，如果交易的一方做出了欺骗等失信行为，另一方甚至是市场内的其他成员在日后的接触中都有可能进行多次惩罚。在传统型社会的这种特征下，有效的信息传递和重复博弈大大提高了违规行为的成本，使得非正式制度能够以较低的成本有效地规范成员行为，从而良好地维护社会秩序。

然而，随着我国经济的快速发展，社会生产力水平不断提高，社会分工逐渐深化，市场范围也在不断扩大。这使得原先的社会格局逐渐被打破，人与人之间的重复博弈几乎不复存在，取而代之的是更多的“一次性博弈”。在这一背景下，非正式制度的约束效力大打折扣，已经难以满足社会治理的需求。此时，社会需要一种更加强悍、反应更加迅速的力量来对违规行为做出惩罚。法律作为一种正式的强制性社会契约，通过第三方

---

① 喻中．作为国家治理体系的法治体系．法学论坛，2014（2）：5－12.

的约束和裁决能够有效实现该目标。法律制度的治理效应还存在着显著的规模效应，因而是现代社会维护秩序的必然选择。目前中国的法治化程度亟待完善，社会中较为普遍存在着的一些不和谐的失信、违规行为迫切需要纠正。因此，加强法治建设，是建设社会主义现代化的一项重要而又紧迫的任务。

三、现代化文化建设中的挑战

回顾历史不难发现，文化兴盛始终是国家强盛的重要条件。鸦片战争以后，中国面临着内忧外患的局面。无数仁人志士投身于救亡图存的历史洪流之中。然而，无论是力求技术变革的洋务运动，还是旨在进行制度变革的维新变法，都以失败而告终。一批先进的青年知识分子逐渐感受到中国落后的根本原因之一在于人民群众落后的文化思想，“文化救国”的呼声越来越高。在这种情况下，五四运动带来了一股深刻的思想解放潮流，成为中国文化由传统向现代转型的一个关键节点。在五四运动后，中国的文化形态逐渐由封建主义文化、半殖民地半封建文化过渡到新民主主义文化[①]。新中国成立以后，伴随着党中央“百花齐放，推陈出新”“百花齐放，百家争鸣”“古为今用，洋为中用”的号召，我国的文化建设取得了重大成就。党的十九届六中全会指出：“改革开放以后，党坚持物质文明和精神文明两手抓、两手硬，推动社会主义文化繁荣发展，振奋了民族精神，凝聚了民族力量。同时，拜金主义、享乐主义、极端个人主义和历史虚无主义等错误思潮不时出现，网络舆论乱象丛生，一些领导干部政治立

① 陈宗章．建设社会主义文化强国的逻辑、原则与现实进路．江苏社会科学，2021（5）：29－39.

场模糊、缺乏斗争精神，严重影响人们思想和社会舆论环境。”[①] 这种不和谐现象表明，我国的现代化文化建设仍然存在着诸多不平衡不充分之处，具体如下：

（一）文化创新和“软实力”需进一步加强

改革开放以来，我国经济社会进一步发生深刻变革。一方面，利益格局深刻调整，社会主义市场经济体制的建立与发展打破了以往计划经济体制下以国家为主体的一元利益格局，形成多元利益主体，这些主体各自从自身利益出发形成了不同的价值取向；另一方面，社会思想意识复杂多样，中国传统文化和西方外来文化、社会主义文化和资本主义文化、先进文化和落后文化等多种文化形态长期并存、相互交织，民众思想选择性、多变性、差异性明显增强。价值取向和文化思想是人类行为的先导。在社会转轨初期，受多样的价值取向和文化思想影响，拜金主义、享乐主义、极端个人主义和历史虚无主义等错误思潮不时出现，对经济社会发展造成消极影响。未来，随着我国改革开放的持续深化，文化领域多元多变趋势将愈加明显，如果不能及时引导正确的社会价值观，摒弃不良文化，传承优秀文化，将多元文化、价值观进行整合，社会主义现代化建设将面临巨大阻力和高昂成本，社会进步和发展也将举步维艰。

（二）人们对美好文化生活的期待需进一步满足

我国历史文明悠久，是文化资源大国，但却没有成为文化产业强国，说明我们的文化产业发展是不够充分的。主要表现在：

---

① 中共中央关于党的百年奋斗重大成就和历史经验的决议．人民日报，2021－11－17.

第一，我国的文化产品供给不平衡不充分。我国的文化产品虽然在总量上稳步增长，但是高质量文化产品供给严重不足，还不能满足国内民众的需求。以影视行业为例，早在“十一五”期间，我国就成为影视作品生产大国，电视剧供给数量位居世界第一，电影生产数量位居世界第三，但是，如此规模的影视作品中，大量产品仍停留在模仿抄袭、利用噱头哗众取宠的层次，与民众审美需求相匹配的精品力作凤毛麟角。

第二，我国的公共文化服务发展不平衡不充分。近年来，我国公共文化服务投入总量不断增长，服务水平和质量不断提高，但是公共文化服务保障在区域间、城乡间发展不平衡问题仍较为严重，使得人民对美好文化生活的期待难以得到充分的满足。在公共文化资源投入方面，2020年的全国文化和旅游事业费中，县以上文化和旅游事业费为500.98亿元，占46%，县及县以下文化和旅游事业费为587.28亿元，占54%。虽然县及县以下文化和旅游事业费在绝对数额和占比上均超过了县以上，但是考虑到县及县以下提供公共文化服务的事业单位占绝大多数，我国在农村公共文化投入上依旧是不足的。而从不同区域来看，公共文化服务经费投入差异则表现得更为明显，东、中、西部地区文化和旅游事业费占比分别为45.1%、24.8%、27.7%，东部地区显著高于中西部地区。当前，在农村、中西部的一些欠发达地区，虽然建立了图书馆、文化馆等文化基础设施，但存在着严重的“空心化”问题，建而不用现象普遍存在。

（三）国民教育水平需进一步提高

教育一直是文化建设中的基础性工作。没有良好的教育作为基础，国民的基本文化素质水平得不到保障，“文化强国”也就无从谈起。我国政府一直以来高度重视教育事业，快速提高了国民的平均受教育年限，科教兴国战略、人才强国战略更是将教育提高到立国之本的高度，但仍然面临着以下几方面的挑战：

第一，教育投入水平有限。根据教育部统计数据，2019年全国教育经费总投入达到5.02万亿元，其中，国家财政性教育经费为4.00万亿元，占GDP比重达4.04%。但是，在190个主要国家和地区中，我国的国家财政性教育经费投入占GDP比重只排在了第110位，这与我国的经济发展水平是严重不匹配的。教育投入水平有限的另一个重要原因是非政府性教育经费投入不足，2019年非政府性教育经费投入占比仅为20.18%。

第二，教育资源分配不平衡。我国教育资源分配不平衡主要体现在两个方面：一是教育资源在区域上分布不平衡。例如，优质的中小学教育资源主要分布在少数发达城市，这必然导致国民接受教育的机会不平等，对我国国民素质的全面提升形成阻碍。二是不同类型教育机构得到的支持差别极大。一个最为明显的例子是，教育部部属高校与省属高校在上级政策、获批经费等方面的差距十分显著，造成了发展的不平衡。

第三，高等教育改革有待深化。大学是文化重镇，汇聚了各方最为优秀的先进成果，并通过交互碰撞，孕育出新的文化成果。因此，大学是文化传承、文化创新的重要基地，也是我国建设文化强国的“主战场”。近年来，我国高等教育稳步发展，2021年毛入学率达到57.8%，取得了重大的阶段性成就。在充分肯定我国高等教育发展成绩的同时，也需要认识到我国高等教育还面临着学术能力与人才培养质量有待提高、体制机制改革有待深化等现实挑战。此外，目前我国高等教育办学模式较为单一，体制机制不灵活，市场化程度低，虽然针对民办教育、简政放权等进行了多次改革，但改革效果始终未能达到预期，这也导致我国高等教育出现了人才培养与社会需求并不完全匹配、科技成果转化率低、对国家整体发展的贡献率不足等问题，并且长期未得到有效解决。

第四，教育体系存在短板。无论是高等教育，还是职业教育、在职培训、成人教育等，都是实现文化建设现代化的基础性力量。不同教育形式培养的不同人才在我国文化传承和创新中都发挥着不同的重要作用。然而，当前我国的职业教育、在职培训、成人教育等的发展极为落后，甚至部分年份出现了发展倒退的现象。以高等职业教育为例，根据教育部统计数据，2007 年以来我国高等职业教育规模发展得十分缓慢，甚至很多年份是负增长。对此，2019 年《政府工作报告》中提出："改革完善高职院校的考试招生办法，……今年大规模扩招 100 万人。"在这一政策作用之下，高等职业教育在 2019 年迎来了大幅扩招。但是，高等职业教育在建设规模、教室宿舍、师资力量、办学经费等方面都存在着巨大的缺口。另外，高等职业教育本身还存在着办学理念不明确、管理系统不科学等一系列问题。如果这些问题在未来得不到良好解决，国民素质将难以实现另上一个台阶的进步。

四、现代化社会建设中的挑战

现代化社会是社会主义现代化建设的必然要求，"使改革发展成果更多更公平惠及全体人民。如果不能给老百姓带来实实在在的利益，如果不能创造更加公平的社会环境，甚至导致更多不公平，改革就失去意义，也不可能持续"[①]。《中华人民共和国国民经济和社会发展第十四个五年规划

---

① 习近平．切实把思想统一到党的十八届三中全会精神上来．求是，2014（1）：3－6.

和2035年远景目标纲要》对我国未来社会建设提出了明确的目标：到2035年，“基本公共服务实现均等化，城乡区域发展差距和居民生活水平差距显著缩小。……人民生活更加美好，人的全面发展、全体人民共同富裕取得更为明显的实质性进展”。目前，我国现代化社会建设面临的主要挑战如下：

（一）收入分配制度不够完善

我国收入分配制度上存在的挑战主要表现为初次收入分配不平等程度高、再分配职能有待增强、第三次分配制度不健全，与“共同富裕”的要求存在差距。

第一，初次收入分配不平等程度高。我国劳动力市场仍然存在着一些“同工不同酬”的现象，如果绝大部分的薪酬差距能够通过人力资本的差异来解释，那么便是可以接受的。但是，在大多数情况下，这种薪酬差距仅仅来源于行业或是企业性质差异，因而是一种亟须纠正的不平等现象。在转型时期，我国部分行业尚未完全放开，存在着一定的行政壁垒，行业内的部分企业凭借着垄断地位可以获取超额的垄断利润，从而导致了不同行业间、不同所有制企业间的收入差距。更为重要的是，由于户籍限制等因素的存在，劳动力市场的竞争也并非完全公平，不同身份的劳动力拥有着不同的就业机会，这无疑进一步加剧了收入分配的不平等。

第二，再分配职能有待增强。我国的再分配制度主要存在着个人所得税起征点偏低、增值税等间接税比重偏高、对高收入阶层的针对性税制设计不足等问题。再分配职能的发挥不充分还表现为公共品供给规模十分有限。当前我国各地区的教育资源、医疗资源等均存在着不同程度的短缺，在这种情况下，富裕群体仍然可以通过高价的方式来获取资源，受到的影响较小，而对于中低收入人群而言，其生活负担则会大幅提高。另外，由于户籍制度等限制，各个群体能够享受的公共产品和公共服务的质量也存在着较大的差别。

第三，第三次分配制度不健全。目前，我国的慈善公益事业发展较为落后，普遍存在着群众捐赠激励不强、捐赠机制不畅等问题。造成这些问题的一个重要原因是慈善捐赠机构的运行效率普遍较低，运行机制不透明，存在漏洞，并未与人民群众建立起长期稳固的信任关系，很难支撑其在收入分配中发挥重要的作用。

（二）公共服务分布不够均等

改革开放以来，我国公共服务业取得了长足的发展。但整体来看，公共服务在东部沿海城市和内陆地区间、在城市和农村间仍然不够均等，对现代化社会建设形成困扰。公共服务不均等在很大程度上还是源于供给不足。目前，我国的公共产品和公共服务主要由政府来提供。但是，由于地方政府长期以来以经济发展为主要目标，一般来说，铁路、公路等经济性的基础设施通过吸引投资、增加就业、扩大税收等方式，在短期内便能够发挥出对经济增长的刺激作用，而教育、医疗等社会性基础设施往往需要在未来很长一段时期内才能产生收益，这使得地方财政支出表现出明显的“重经济、轻民生”的特点。此外，公共服务的供给规模严重依赖于地方财力，从而导致经济发达地区和经济落后地区的公共品数量和质量都呈现出巨大的差异。而当公共服务与地方政府财政息息相关时，地方政府自然希望本地居民能够从本地公共服务中获得更大的收益，从而加剧了市场分割等一系列的扭曲现象。

（三）社会保障体系不够健全

党的十八大以来，我国建成了世界上规模最大的社会保障体系，发挥着维护国家长久治安、提高人民生活福祉的重要作用。但是，伴随着人口老龄化的加剧，我国社会保障压力还将持续增大。第七次全国人口普查结果显示，我国 60 岁及以上人口为 26 402 万人，占全国总人口的 18.70%，与 2010 年相比提高了 5.44 个百分点。中国家庭的养老负担将进一步加重，这对于社会保障体系是一个巨大的考验。社会保障体系覆盖面还有待拓宽。一是在人群覆盖面上，社会保障在区域间、城乡间的差异较大。二是在功能覆盖面上，目前的社会保障主要集中在养老、医疗、社会救助等领域，子女教育、住房等方面的保障力度仍有待加强。

五、现代化生态文明建设中的挑战

与大多数发展中国家相似，中国在工业化的早期阶段，采取了资源消耗型的增长模式。长期的过度开发导致土地荒漠化、生物多样性减少、水质污染等问题非常严重。十九大报告提出："我们要建设的现代化是人与自然和谐共生的现代化，既要创造更多物质财富和精神财富以满足人民日益增长的美好生活需要，也要提供更多优质生态产品以满足人民日益增长的优美生态环境需要。"[①] 2020 年 9 月，中国政府进一步明确了"二氧化碳排放力争 2030 年前达到峰值，力争 2060 年前实现碳中和"的"双碳"目标，体现了党中央建设生态文明的决心。

---

① 习近平．决胜全面建成小康社会 夺取新时代中国特色社会主义伟大胜利：在中国共产党第十九次全国代表大会上的报告．人民日报，2017-10-28.

在朝着社会主义现代化前进的道路上，中国实际上面临着经济增长和环境保护的双重压力。如果无法保证一定水平的经济增速，社会主义现代化根本无法实现；同样，如果环境恶化问题无法得到根治，社会主义现代化也无法实现。然而，从全球的经济发展历史来看，生态文明建设和经济增长并不是完全一致的。尤其是，对于一个传统的工业化国家而言，其经济的快速增长基本上是建立在资源投入和以环境污染为代价的基础之上。经济发展和生态保护之间的权衡成了中国社会主义现代化建设面临的一个巨大挑战。面对环境治理的紧迫性，我国短期内的经济增速、社会就业必然会遭受较大冲击。如何应对短期内环境保护和经济增长、就业之间的冲突，对我国现阶段生态文明建设形成了严峻挑战。对此，习近平总书记指出："我们既要绿水青山，也要金山银山。宁要绿水青山，不要金山银山，而且绿水青山就是金山银山"①，破除了经济发展与生态保护无法协调的错误认识。经济发展与生态保护能否实现协调统一，归根到底取决于经济发展方式。如果经济发展方式是对自然资源和生态环境的竭泽而渔，那么，这种方式不仅不可持续，而且为了实现生态保护必须舍弃。而通过构建绿色、可持续的经济发展方式，就能够实现生态环境与经济发展的相辅相成，在这种发展方式下，保护生态环境就是保护生产力、改善生态环境就是发展生产力。这就意味着，未来的现代经济体系的打造，必然要选择绿色发展和可持续发展。

然而，在数十年的资源消耗型增长模式下，无论是政府、企业还是消费者内部都尚未建立起成熟有效的激励机制去实现绿色发展。第一，政府

① 中共中央宣传部．习近平总书记系列重要讲话读本（2016年版）．北京：学习出版社，人民出版社，2016：230.

部门长期以来以经济发展速度为主要目标，缺乏关注环境问题的激励。近年来，面对日益加剧的环境问题，中央政府对地方考核绩效进行了多次优化，不断提高环境相关指标的权重。但是，环境考核本身极为复杂，例如电力等能源产品的跨地区消耗应该如何界定，空气污染的扩散、水质的上下游关系如何处理等都还缺乏有效的解决措施。如果这些问题得不到解决，环境考核对绿色发展可能难以发挥重要作用。第二，生产者缺乏进行绿色技术创新的激励。如果在绿色技术上没有实质性的突破，绿色、可持续的经济发展方式是难以实现的。但是，企业究竟能够从绿色技术创新中收益多少存在着很大的不确定性，其中既包括技术创新的不确定，也包括绿色产品的市场需求的不确定，加之环境污染本身的外部性问题，企业较难有动力去进行绿色技术的研发。近年来，为促进绿色产业的发展，地方政府持续加大对清洁能源等的补贴，取得了阶段性的成效。但是，这种补贴的收益和成本是否能够平衡还是未知数，我们仍然需要一个更为合理有效的制度去激励企业主动选择进行绿色生产。第三，消费者缺乏进行绿色生活的激励。我国居民普遍存在着环保意识薄弱等问题。当前，无论是非正式制度还是正式制度都没有对绿色消费进行有效的激励和约束，在绿色产品没有足够价格优势的情况下，难以支撑居民绿色生活方式的构建。并且，环境保护具有一定的合作博弈特征，只有当大部分人甚至每一人都付出努力时，大家的效用才能有所提高，而如果只是小部分人付出努力，生态环境无法得到根本性改善，这部分人的效用反而有可能降低。因此，很多人即便拥有了一定的环保意识，但很可能会认为自己的努力对于整个生态环境而言是微不足道的，从而降低或放弃努力，使得绿色生活方式构建陷入困境之中。

第六章

中国式现代化的实现路径与展望

第一节

中国式现代化的实现路径

一、以深化供给侧结构性改革为抓手，实现现代化经济体系

改革开放以来，我国 GDP 的持续高速增长和经济规模的迅速扩张，主要依靠投资、消费和出口“三驾马车”驱动，对于中国充分发挥人口、劳动力、资源和土地等生产要素红利，实现经济增长的“中国奇迹”具有重要意义。但是，这种模式也具有明显的弊端，它导致过度追求短期内的经济增长速度，积累了大量不平衡不充分的问题。结构性问题被有意无意地忽视，并在日积月累下根深蒂固，使得改革的阻力不断增长。这些问题伴随着内外部环境的变化而逐渐暴露，经济下行压力不断增大，对我国未来全面建成社会主义现代化强国形成了严峻的挑战。

2015 年 12 月召开的中央经济工作会议提出，“稳定经济增长，要更加注重供给侧结构性改革”[①]，并强调“推进供给侧结构性改革，是适应和引领经济发展新常态的重大创新，是适应国际金融危机发生后综合国力竞争

① 中共中央宣传部．习近平总书记系列重要讲话读本（2016 年版）．北京：学习出版社，人民出版社，2016：144.

新形势的主动选择”①。未来我们应以深化供给侧结构性改革为抓手，具体做好以下工作：

（一）激发各类市场主体活力

改革开放以来，与中国经济增长奇迹相伴的是一条市场经济的中国之路②。从 1978 年农村开始家庭联产承包责任制探索，中国逐渐向市场经济转型，到 1992 年中共十四大明确提出建立社会主义市场经济体制，并在发展社会主义市场经济的过程中不断确立起市场在资源配置中的决定性作用，在这一过程中，我国“公有制为主体、多种所有制经济共同发展”的方针起到了至关重要的作用。在现代化经济体系的构建过程中，尤其要发挥市场在资源配置中的决定性作用，激发各类市场主体的活力，形成公有制经济与非公有制经济的协调发展。

第一，要进一步通过市场化的手段推动国有资本做强做优做大。国有经济发展质量的提升是中国市场经济改革的重要基础保障，要深化国企国资改革，加快转变国有资产监管机构职能，改革国有资本授权经营体制。在加强国有企业党的领导和党的建设基础上，积极完善国有企业法人治理结构，增强国有企业的市场活力。在推进国有企业改革过程中，探索在国有经济中引入民营资本的新路径，促进混合所有制经济发展，增强混合所有制经济的市场参与度。在国有企业改革和公共基础设施建设中，通过 PPP 模式等积极探索吸纳民营资本进入公共部门的新道路，通过协调好国

---

① 中共中央宣传部．习近平总书记系列重要讲话读本（2016 年版）．北京：学习出版社，人民出版社，2016：154.

② 科斯，王宁．变革中国：市场经济的中国之路．徐尧，李哲民，译．北京：中信出版社，2013.

有资本与民营资本的关系，促进混合所有制经济发展。

第二，要进一步发挥民营经济在国民经济中的重要作用。民营经济是中国市场经济改革的主要着力点，应针对长期以来民营企业发展中面临的突出问题，进一步落实产权保护政策，破除歧视性限制和各种隐性障碍。大力支持民营企业发展，实施并不断完善市场准入负面清单制度，逐步降低民营企业在相关产业的准入门槛。通过进一步推进“放管服”改革，减少民营企业发展中的行政性制度障碍，提升民营企业市场参与度，持续发挥民营经济在中国市场经济增量改革中的重要作用。

第三，在激发市场经济主体活力的过程中，要充分发挥价格在市场经济调节中的核心作用。激发各类市场主体活力，必须利用市场化的方式，而这就必须形成产品和要素价格的市场化机制。当前，我国在下游产品领域的价格已经形成了相对完善的市场化运行体系，但在上游要素市场中，依然存在一些障碍。2016 年 5 月习近平总书记在中央财经领导小组第十三次会议上的讲话中指出：“供给侧结构性矛盾的原因是要素配置扭曲，是体制机制障碍”①，通过逐步放开资源、土地等要素市场的价格管制，形成与市场供需关系相匹配的要素价格，对于形成公平的市场竞争环境、激发各类市场主体活力，具有基础性的作用。

（二）实施区域协调发展战略

社会主义现代化强国建设蕴含着推动区域协调发展的深刻内涵。实施区域协调发展战略是现代化强国建设的重点工作，也是解决长期以来社会

---

① 中共中央文献研究室．习近平关于社会主义经济建设论述摘编．北京：中央文献出版社，2017：106.

经济发展不平衡不充分问题的关键所在。在现代化强国建设的要求指引下，推进区域协调发展的重点任务是：

第一，推动区域间基本公共服务均等化。基本公共服务是最基本的民生需求，享受大致均等化的基本公共服务是每一个中国公民具备的基本权利。当前，中国地区间基本公共服务不均衡问题突出，中西部地区与东部地区相比，基本公共服务的质量和服务水平普遍较低。在推进现代化发展过程中，应在不断加强对中西部地区基本公共服务建设的财政转移支付力度的同时，强化中西部地区基本公共服务供给质量的监督机制，推动地区间基本公共服务均等化格局形成。在中国特色社会主义新时代，践行现代化强国发展理念必须从共享发展的角度出发，最大限度地通过基本公共服务均等化创造机会公平，加快推动改革和发展成果的全民共享，满足全体人民群众对美好生活的需求。

第二，保障区域间基础设施通达程度大致均衡。在现代经济体系中，基础设施对经济增长具有强大的带动作用，基础设施的通达程度直接影响到经济发展要素的流动和配置效率的提升。当前，中国区域间基础设施发展水平还存在明显差异，这种差异往往决定了不同地区贸易成本的大小，而由于基础设施差异引发的各地区内以及地区间贸易成本的不同又决定了产业的空间分布，进而影响到各地区的福利水平与社会经济发展的总效率。现代化强国建设要求促进各地区社会经济发展效率的共同提升，这就需要破除由于基础设施发展程度不同导致的发展条件与成本差异，通过区域间基础设施通达度的均衡，推进区域协调发展。

（三）实施乡村振兴战略

在新时代背景下，要着力解决好城乡社会经济发展不协调问题，这就要求经济发展的内涵不仅体现在整个经济发展层面，还要突出强调城乡间的平衡发展。党的十九大报告中明确提出“实施乡村振兴战略”，这是当前促进乡村经济社会发展和缩小城乡差距的核心任务。2018年7月，习近平总书记对实施乡村振兴战略做出重要指示：“要坚持乡村全面振兴，抓重点、补短板、强弱项，实现乡村产业振兴、人才振兴、文化振兴、生态振兴、组织振兴，推动农业全面升级、农村全面进步、农民全面发展。要尊重广大农民意愿，激发广大农民积极性、主动性、创造性，激活乡村振兴内生动力，让广大农民在乡村振兴中有更多获得感、幸福感、安全感。要坚持以实干促振兴，遵循乡村发展规律，规划先行，分类推进，加大投入，扎实苦干，推动乡村振兴不断取得新成效。”① 这是推动乡村振兴的重要思想和方法论指导。在建设现代化经济体系的目标下，结合习近平总书记的重要指示精神，乡村振兴战略的实施重点体现在：

第一，以创新驱动农业经济发展，吸引科技、资本等要素向农业部门投资，实现“乡村产业振兴”。乡村振兴的基础是农业经济和乡村产业振兴，要实现农业经济的发展升级，就必须深化农业供给侧结构性改革，通过技术创新、体制创新和管理创新等优化农村经济和产业结构，推动农业现代化水平的提升，以提升农产品附加值和农业经济全要素生产率吸引生产要素向农业部门流动，改变传统增长模式下城乡要素配置失衡的问题。

第二，以城乡公共服务均等化为突破口，城乡与工农协调推动农村现代化，实现“人才振兴”。实施乡村振兴战略，需要不断推进城乡间、工业与农业间的要素流动，积极引导资本、人才等生产要素向农村地区集

① 习近平：让广大农民有更多获得感、幸福感、安全感．人民日报·海外版，2018-07-06.

聚，通过城乡互动的帮扶机制加快农村现代化建设步伐。而长期以来基础设施和公共服务差距是制约生产要素向农村流动的重要因素。实施乡村振兴战略，通过不断加大财政转移支付力度，促进乡村基础设施建设，以城乡间公共服务均等化缩小城乡居民的福利差距，提高乡村生存和发展条件，“让愿意留在乡村、建设家乡的人留得安心，让愿意上山下乡、回报乡村的人更有信心”①，提升乡村对人才要素的吸引力。

第三，坚持乡村绿色发展，确保乡村生态和谐，实现“生态振兴”。良好的生态环境是乡村发展的优势所在，在实施乡村振兴战略中，要始终坚持“绿水青山就是金山银山”的发展理念，在节约优先、保护优先、自然恢复为主的方针指引下，走绿色发展之路，将优美的生态环境作为乡村吸引要素流入的优势。习近平总书记强调：“坚持绿色发展……打造农民安居乐业的美丽家园，让良好生态成为乡村振兴支撑点”②。“生态振兴”在整个乡村振兴战略中发挥着重要的支撑作用，针对当前存在的乡村环境污染等问题，在乡村振兴中要坚持“绿色发展”理念，努力推动乡村“绿色成为普遍形态”。

第四，坚持乡村经济与文化协调发展，实现“文化振兴”。乡村振兴不仅包含了乡村经济的快速发展，还要求在乡村文化建设方面取得重要进展。2015 年 1 月习近平总书记在云南调研时就明确强调：“新农村建设一定要走符合农村实际的路子，遵循乡村自身发展规律，充分体现农村特

① 习近平李克强王沪宁赵乐际韩正分别参加全国人大会议一些代表团审议．人民日报，2018-03-09.

② 习近平李克强王沪宁赵乐际韩正分别参加全国人大会议一些代表团审议．人民日报，2018-03-09.

点，注意乡土味道，保留乡村风貌，留得住青山绿水，记得住乡愁。”① “乡土味道”“乡愁”是乡村文化的典型元素。通过“培育挖掘乡土文化人才，弘扬主旋律和社会正气，培育文明乡风、良好家风、淳朴民风”②，实现乡村文化全面振兴，使得乡村成为实现人民美好生活向往的地方。

第五，坚持推动乡村组织队伍建设，发挥党组织在乡村振兴中的战斗堡垒作用，实现“组织振兴”。在乡村振兴中，“要推动乡村组织振兴，打造千千万万个坚强的农村基层党组织，培养千千万万名优秀的农村基层党组织书记”③，充分发挥基层党组织在乡村振兴中的引领作用。习近平总书记在2014年给河北保定学院西部支教毕业生群体代表的回信中说：“到基层和人民中去建功立业，让青春之花绽放在祖国最需要的地方，在实现中国梦的伟大实践中书写别样精彩的人生。”④ 推动乡村“组织振兴”，需要加强对青年一代投身乡村振兴、投身社会主义新农村建设的思想引导和行为激励，在壮大乡村组织队伍的过程中为实现乡村振兴凝聚磅礴力量。

（四）推动形成全面开放新格局

改革开放以来，中国经济社会飞速发展的经验表明，对外开放是国家繁荣发展的重要法宝，“以开放促改革、促发展”，是我国在社会主义现代化建设中取得的重要经验。但是，中国的对外开放格局也存在着一些亟待解决的问题。一方面，中国的对外开放是由东部沿海地区逐渐向内陆地区

---

① 坚决打好扶贫开发攻坚战 加快民族地区经济社会发展．人民日报，2015-01-22.

② 习近平李克强王沪宁赵乐际韩正分别参加全国人大会议一些代表团审议．人民日报，2018-03-09.

③ 习近平李克强王沪宁赵乐际韩正分别参加全国人大会议一些代表团审议．人民日报，2018-03-09.

④ 习近平给河北保定学院西部支教毕业生群体代表回信．人民日报，2014-05-04.

扩散的，受自身经济发展条件等因素影响，各地区间的对外开放水平存在显著差异。另一方面，伴随着近年来国际经济竞争的加剧，全球范围内的资本、市场争夺日益激烈，世界经济出现逆全球化的态势。在这样的大背景下，中国对外经济开放过程中面临的压力与挑战逐渐增多。现阶段，中国迫切需要从以下几个方面推动形成全面开放新格局，提高开放质量，发展更高层次的开放型经济。

第一，坚持沿海开放与内陆沿边开放相结合，发挥区域优势，缩小地区间对外开放差距。中国的对外开放始于沿海地区，但在全面开放新格局背景下，要将沿海开放积累的经验推广到内陆沿边地区，依托“丝绸之路经济带”建设，不断提高西部地区对外开放水平。在进一步推进西部大开发战略指引下，坚持以开放促开发的思路，完善一系列基础设施建设，通过灵活多样的政策手段，建设好内陆自贸试验区、国家级开发区、边境经济合作区、跨境经济合作区等开放平台，着重打造一批重点区域枢纽城市，形成多个区域开放经济增长极。

第二，坚持制造领域开放与服务领域开放相结合，以全面开放带动深层次结构调整。中国的改革开放最先在制造业领域展开，制造业领域也是开放程度较深的领域，而中国制造更是铸就我国经济增长奇迹的关键力量。在全面开放新格局下，要继续提高制造业的开放水平，鼓励中国制造“走出去”，同时吸引尖端制造业在中国投资。与制造业相比，我国服务业发展起步晚、程度低、竞争力不足，已经成为我国进一步深化对外开放中的短板。“大幅度放宽市场准入，扩大服务业对外开放。就是要在深化制造业开放的同时，重点推进金融、教育、文化、医疗等服务业领域有序开放，放开育幼养老、建筑设计、会计审计、商贸物流、电子商务等服务业领域外资准入限制”[①]，从而推进制造业与服务业同步开放新格局的形成。

第三，坚持“引进来”与“走出去”更好结合，依托“一带一路”倡议，加大对外经济合作，提升对外投融资效率。中国改革发展的历史经验表明，积极利用外资和国外先进技术，对于拓展国民经济的发展空间和加快国内技术创新具有重要意义。同时也应看到，当前我国具有强大的外汇储备和生产能力，应依托“一带一路”建设重大机遇，加强与沿线国家的商贸往来、文化交流与技术合作。加快实现从贸易大国到投资大国、从商品输出到资本输出的开放型经济转型发展，是新时代坚持“引进来”与“走出去”更好结合、形成全面对外开放新格局的重要举措。

第四，坚持多边开放与区域开放有机结合，推动全球开放型经济发展。自加入世界贸易组织以来，围绕以世贸组织为代表的多边贸易体制，我国不断深化多边贸易开放机制，积极参与全球贸易合作。但近年来，多边贸易体制发展过程中出现新的问题，具有更高开放水平和灵活机制的区域性贸易合作快速发展，区域开放格局日新月异。2018 年，在庆祝海南建省办经济特区 30 周年大会上，习近平总书记明确提出党中央支持海南全岛建设自由贸易试验区，这一重大举措表明了中国在探索区域开放新格局上不断努力。通过不断深化自由贸易试验区和自由贸易港建设，实现全球化的多边贸易合作与区域性开放格局的协调统一，不仅是推动形成全面开放新格局的重要举措，更是世界经济竞争加剧下拓展自身发展空间的迫切需要。

---

① 汪洋．推动形成全面开放新格局．人民日报，2017－11－10.

二、以完善法治为核心，实现现代化政治体系

“法治兴则国家兴，法治衰则国家乱；全面依法治国是中国特色社会主义的本质要求和重要保障，是国家治理的一场深刻革命”[①]。只有依托完善的法治化建设，社会主义民主政治制度才能得到良好发展，国家治理能力才能不断提高。“党的十八大以来，中国特色社会主义法治体系不断健全，法治中国建设迈出坚实步伐，法治固根本、稳预期、利长远的保障作用进一步发挥，党运用法治方式领导和治理国家的能力显著增强。”[②] 未来，建立现代化政治体系需要重视以下几个方面的工作：

第一，完善立法水平，提高合理执法程度。产权保护是维护市场交易良好秩序的前提，《中共中央、国务院关于新时代加快完善社会主义市场经济体制的意见》中明确强调：“健全归属清晰、权责明确、保护严格、流转顺畅的现代产权制度，加强产权激励”。目前我国的立法、执法水平需要进一步提高。未来应进一步完善和细化知识产权创造、运用、交易、保护制度规则，加快建立侵犯产权的惩罚制度，加强企业商业秘密保护。同时，增加执法透明化、公正化程度，依法慎用羁押性强制措施和查封、扣押、冻结等强制措施，最大限度减少对产权主体合法权益的损害。立法、执法还要做到高效务实，应在合理范围内给予地方一定的立法权，在不违背基本原则的前提下做到立法、执法的因地制宜，从而解决法治化的“最后一公里”问题。

第二，构建共建共治共享的社会治理制度。当前，我国民众参与社会

---

① 中共中央关于党的百年奋斗重大成就和历史经验的决议．人民日报，2021－11－17.

② 中共中央关于党的百年奋斗重大成就和历史经验的决议．人民日报，2021－11－17.

治理的意愿不足、机制不畅，导致“政府治理同社会调节、居民自治良性互动，建设人人有责、人人尽责、人人享有的社会治理共同体”[①] 难以实现。未来应抛弃政府单一治理的理念，扩大治理主体，推动政府、社会及广大人民群众共同参与协商的治理制度建设，推动政府与社会公众的合作；扩大群众参与治理的渠道，搭建信息沟通平台，在政府与媒体、公众之间形成有效的信息交流与披露机制，强化信息的公开透明，加强舆论的监督，尊重新闻媒体和社会公众对重大公共事件的知情权；尽快完善相关法案，保护公民为维护社会公正和公众利益而采取的有依据的曝光行为。

第三，加速多层次国家治理体系构建和数字化转型。以道德为核心的非正式制度是对以法律为基础的正式制度的有效补充，在现代化国家治理体系的构建中，要充分重视两种制度的治理效能，两手都要抓、两手都要硬。无论是哪一种治理模式，其有效性都高度依赖于信息传递能力。因此，还要充分发挥数据的基础资源作用，加大网络化数字化智能化技术应用。以数字化转型为基础，通过建立诸如个人信用体系、公布失信人员名单等措施，对违规行为形成良好的约束。

三、以夯实国民教育为引领，实现现代化文化体系

现代化文化体系的建设，需要以夯实国民教育为引领。习近平总书记曾强调：“教育是提高人民综合素质、促进人的全面发展的重要途径，是民族振兴、社会进步的重要基石，是对中华民族伟大复兴具有决定性意义

---

① 习近平．正确认识和把握中长期经济社会发展重大问题．求是，2021（2）：4－10.

的事业。”① 没有良好的国民教育为支撑，国民基本文化素质就得不到保障。如果没有教育帮助国民培养基本文化素质，社会文明的构建将成为空谈，文化的传承和创新也无从谈起。改革开放以来，政府对教育事业的重视程度不断提高，促使我国教育事业实现了空前的发展。但是，目前仍然存在着教育投入不足、高等教育改革效果不彰、教育体系存在明显短板等问题。因此，建设现代化文化体系，实现文化强国，应从以下几个方面入手：

第一，持续扩大教育投入规模。教育投入包括政府性教育投入和非政府性教育投入。对于政府性教育投入，目前其规模占 GDP 总量的比重仍然较低。这主要是由于长期以来地方政府以经济发展为主要目标，进行教育事业的投入的动力不足。未来仍需要不断优化地方考核激励，促进政府性教育投入规模的提升。我国的非政府性教育投入则长期处于较低水平。由于我国教育事业尚未完全放开，存在着一定的进入壁垒，导致民办教育力量始终没有得到完全释放。少量的民办教育事业也一直受困于规模较小、水平较低的问题。这主要是由于民办教育还没有得到足够的支持和认可。民办教育是教育系统中的重要组成部分，鼓励民办教育进入市场，有利于通过市场机制增加师资、资金等教育资源的供给，从而全面实现教育投入的扩大。

第二，不断推动教育资源公平化配置。教育资源分布的不平衡很大一部分原因在于教育资源供给的不充分，但是，扩大教育资源投入是一个相对长期的事情。在短期内，需要进一步提高对弱势群体子女教育问题的关

① 习近平．做党和人民满意的好老师：同北京师范大学师生代表座谈时的讲话．人民日报，2014－09－10.

注，通过完善相关法律法规，避免对偏远、农村地区儿童入学、升学的歧视；完善对偏远、农村地区支教的长期激励，构建发达城市优质教育资源与欠发达地区的长期帮扶关系。在政府性教育经费的分配方面，要以不断提高教育经费配置效率为标准，加大对高校优势学科的支持力度，尤其是要高度重视处于资源分配劣势地位的高校的优势学科建设。

第三，完善高质量教育体系。如果教育体系不能满足社会的教育需求，那么这种教育体系便不能说是成功的。为切实满足社会的教育需求，就需要不断创新教育模式。一方面，要建立覆盖不同年龄、不同职业以及不同发展规划的人群的教育体系，不断优化分配培养方案，促进教育模式多元化；另一方面，教育模式要与时俱进、推陈出新，与经济快速发展下社会人才需求的变化相适应。目前，我国的教育体系还很不完善，主要体现在职业教育、在职培训、成人教育等方面的供给严重不足。未来，要进一步深化教育体系改革，不断扩大教育资源供给主体，激发教育市场活力。

四、以优化民生类公共服务供给制度为基础，实现现代化社会体系

过去的政绩考核体制使得地方政府公共支出结构出现了“重基本建设、轻人力资本投资和公共服务”的明显扭曲，民生工程建设相对滞后。而民生工程建设滞后不仅降低了经济快速增长过程中居民的实际福利水平，还通过公共支出成本的转嫁降低了居民的消费倾向，从而使中国经济增长长期面临内需不足的问题。党的十九大报告指出：“我国社会主要矛盾已经转化为人民日益增长的美好生活需要和不平衡不充分的发展之间的

矛盾”。习近平总书记强调：“人民对美好生活的向往，就是我们的奋斗目标。”[①] 人民对美好生活的向往是最大的民生，保障和改善民生水平是新时代进行现代化建设的重要任务，也是2035年基本实现社会主义现代化不可或缺的战略目标。同时，通过大力改善民生水平能够有效激发居民消费活力，为新时代在中国经济由高速增长向高质量发展转变过程中实现经济稳定增长提供动力支撑。从当前我国存在的就业、教育、医疗卫生和社会保障等重点民生问题出发，保障和改善民生水平的工作重点主要体现在以下方面：

第一，就业是民生的根本，以高质量发展推动居民就业水平提升，增加城乡居民收入。解决就业问题的根本要靠发展，没有一定的经济增长不足以支撑就业、解决就业问题，做大经济发展的“蛋糕”和优化就业结构是解决就业问题的根本途径。在新时代中国经济由高速增长向高质量发展转变过程中，以创新为增长驱动力，通过供给侧结构性改革，优化产业结构，带动居民就业结构升级和收入水平改善。从保障和改善民生水平的目标任务出发，高质量发展不仅内含宏观经济发展方式的转型，还集中体现为经济发展结构优化过程中居民就业质量的提升，从而实现宏观经济转型与微观就业发展的协调统一。

第二，教育、医疗和养老等基本公共服务是民生的基础，通过完善政府绩效考评体系，以经济社会高质量发展目标指引基本公共服务供给水平提升，着力解决上学难、看病难和养老难等民生问题。当前，我国社会经济发展中出现的基本公共服务供需不协调问题，一方面体现为基本公共服

① 中共中央文献研究室．习近平关于社会主义社会建设论述摘编．北京：中央文献出版社，2017：4.

务供给数量不足，城市非户籍人口的医疗、子女上学问题突出；另一方面体现为基本公共服务的结构性失衡，基本公共服务供给的方向与人口流动不一致，产生公共服务供给数量提升下的供需结构失衡。深入践行高质量发展，需要扭转传统增长模式下地方政府忽视民生建设的公共支出倾向，提升地方政府基本公共服务供给水平。

第三，社会保障是民生问题的托底，高质量的社会保障是民生的底线。促进社会公平正义和增进最广大人民群众的福祉是我国改革和发展的出发点和落脚点，也是中国特色社会主义制度优越性的集中体现。但是，当前我国社会经济发展中贫富差距明显，人民内部生活水平分化扩大，要实现全体人民对改革和发展成果的共享，就要发挥社会保障等社会政策的托底作用。一是以基本民生需求为基准，托住人民基本生活保障的底，特别是教育、医疗、养老等基本公共服务供给水平，必须要满足人们最基本的生存和发展需求；二是聚焦特殊困难群众，托住困难人群的底，通过有针对性的特殊救助和政策扶持，守住困难群众生活的底线；三是围绕突发性事件，托住急需救助人群的底，通过建立灵活及时的紧急救助体系，帮助遭遇突发性事件的人群顺利渡过难关。

第四，构建以解决重点民生问题为主要目标，正式制度保障和党员干部自觉服务为两翼的民生工作系统工程。习近平总书记强调："保障和改善民生是一项长期工作，没有终点站，只有连续不断的新起点"[①]。在推动民生建设过程中，首先要瞄准亟待解决的重点民生问题，提出有针对性的解决办法。同时，保障和改善民生作为一个系统工程，需要构建自上而下

① 中共中央文献研究室．习近平关于社会主义社会建设论述摘编．北京：中央文献出版社，2017：5.

的完整的制度保障体系，从民生问题的产生源头、解决过程和后期保障三个环节入手，不断提高民生水平。除此之外，民生改善是一项长期的、系统的、艰巨的、复杂的工程，需要广大党员干部树立为人民服务的高度意识自觉，在实现中华民族伟大复兴的中国梦的精神鼓舞下，始终将人民对美好生活的向往作为奋斗目标。

五、以发展绿色产业为支撑，实现现代化生态文明体系

在传统的粗放式增长模式下，与中国经济增长奇迹相伴的是日益严重的环境污染和生态破坏，经济增长与环境保护之间的取舍是中国过去经济发展模式调整过程中最难解决的问题之一。在新时代中国经济由高速增长向高质量发展转变过程中，协调好经济发展与生态文明建设的关系，需要彻底改变以往“先污染、后治理”的生态建设观，围绕习近平总书记提出的“绿水青山就是金山银山”的经典论断，从现代化强国建设的角度理解生态文明建设所具有的经济价值创造力。应从以下几个方面推动现代化生态文明建设。

第一，树立“创新是引领发展的第一动力”“绿水青山就是金山银山”的观念，以技术创新和制度创新为手段，将经济增长与环境保护之间的“冲突关系”转变为“协同关系”。在传统增长模式下，给定制度条件和技术条件，经济增长和环境保护之间的确存在着一定的冲突特征，这是在没有将创新作为引领发展的第一动力的粗放式增长模式下的必然后果。然而，一旦我们转变理念，将创新作为引领发展的第一动力，在技术创新和制度创新下，就可以同时实现经济增长和环境保护。因此，中国的现代化建设必须紧扣“创新”这一主题，不断加快技术创新和制度创新，实现环

境保护与经济增长的协调统一。

第二，调整激励约束机制，倒逼技术创新和产业转型升级。在传统的数量型经济增长目标激励下，增加要素投入是短期内促进经济快速增长最为直接的手段，而技术升级和产业转型升级对经济增长的驱动作用具有一定的滞后效应，与地方政府短期高速增长目标激励不一致，导致地方政府缺乏推动技术创新和产业转型升级的动力。在现代化强国建设中，要通过更加完善的经济发展考评体系，降低地区经济发展中对自然资源和生态环境的消耗，形成对地方政府推动产业转型升级的内在压力，倒逼地方政府更加投入于制度创新、技术创新和产业转型升级。

第三，建立多部门合作机制，推动跨地区生态环境治理。党的十八大以来我国生态文明建设取得了巨大成效，以“蓝天保卫战”等为代表的高强度污染治理措施对城市空气污染等重点领域的生态环境治理发挥了重要作用，一些传统增长模式下长期存在的环境问题得到显著改善。但与此同时，环境污染治理的边界问题和跨地区污染治理困境等仍大量存在，这给经济高质量发展过程中推进生态文明建设提出了更高要求。通过建立多部门合作、多个地方政府共同参与的跨地区生态环境治理机制，统筹区域生态建设资源，着力解决好行政边界、流域边界的生态环境污染问题，以跨地区生态环境治理防止污染企业通过地区转移躲避环境规制，在推动大区域生态环境治理水平提升的基础上，带动现代化发展过程中生态文明建设取得更大成就。

第二节

中国式现代化的展望

党的十八大报告提出的“两个一百年”奋斗目标是：在中国共产党成立一百年时全面建成小康社会，在新中国成立一百年时建成富强民主文明和谐的社会主义现代化国家[①]。无疑，这两个“百年目标”是所有中国人的美好愿景，也是中国共产党向中国人民的庄严承诺，为中国的经济发展重新注入了“精神动力”。客观地看，“两个一百年”奋斗目标中，第一个“百年目标”已经顺利实现，而第二个“百年目标”却依然任重道远。

当前，我们正处在中华民族伟大复兴的关键期。一方面，从国际经验来看，在从中等收入向上等收入迈进的过程中，一些国家纷纷陷入“中等收入陷阱”，二战以后的100多个发展中国家中，真正跨越中等收入陷阱的目前只有15个国家，相当部分的国家停留在了“拉美漩涡”“东南亚泡沫”“西亚北非危机”当中。另一方面，目前支撑中国过去40多年高速增长的几大动力源泉均不同程度地减弱，面对各种形式的贸易保护主义重新抬头、劳动力成本提升、人口老龄化进程加快、“刘易斯拐点”出现、居

① 胡锦涛．坚定不移沿着中国特色社会主义道路前进 为全面建成小康社会而奋斗：在中国共产党第十八次全国代表大会上的报告．人民日报，2012-11-18.

民储蓄率下降、劳动生产率提升的制约，未来经济增长潜力有所下降。如果不能及时调整增长模式，转向高质量发展，那么，实现中华民族伟大复兴的中国梦就有可能会受到阻碍。

正是在这样的背景下，党的十九大明确将“把我国建成富强民主文明和谐美丽的社会主义现代化强国”确定为远景目标。这就意味着，我们必须通过现代化经济、政治、文化、社会、生态文明体系的建设，推进中国的现代化进程和中国梦的实现。当前，在党和国家机构改革的背景下，中国正在形成顶层设计更加合理、监督激励体系更加完善、基层执行更加有效的治理体系，清正、廉洁、高效的“政治新常态”正在逐步形成，地方政府的积极性不断提高，由此再传递至微观层面，不断调动整个社会参与经济发展的积极性。可以预期，在未来，现代化进程中最难啃的一些骨头，比如包括国有企业改革、土地制度改革、财税金融体制改革、政府职能转变、法治民主建设、收入差距缩小、公共服务均等化、环境保护等在内的重点领域的改革工作将得到不断推进。

只要我们能够坚持新发展理念，保持“久久为功”“持之以恒”的韧劲，以“明知山有虎，偏向虎山行”的闯劲，不断深化改革，扎实构建现代化经济、政治、文化、社会、生态文明体系，新一轮大规模的改革开放所释放的制度红利将会进一步激活发展的内生动力，保证未来经济社会的高质量发展，保障现代化行稳致远。

中国正在迈向一个“人口规模巨大”“全体人民共同富裕”“物质文明和精神文明相协调”“人与自然和谐共生”“走和平发展道路”[①] 的现代化。

---

① 中共中央宣传部．习近平新时代中国特色社会主义思想学习问答．北京：学习出版社，人民出版社，2021：128.

这一现代化将“拥有高度的物质文明，经济实力、科技实力和社会生产力将大幅跃升，核心竞争力名列世界前茅，成为综合国力和国际影响力领先的国家”，“拥有高度的政治文明，法治国家、法治政府、法治社会全面建成，实现国家治理体系和治理能力现代化，中国特色社会主义民主政治制度成熟定型并将充分发挥其优势和特点”，“拥有高度的精神文明，国民素质显著提高，践行社会主义核心价值观成为全社会自觉行动，中国精神、中国价值、中国力量成为中国发展的重要影响力和推动力”，“拥有高度的社会文明，城乡居民普遍拥有较高的收入、富裕的生活、健全的基本公共服务，享有更加幸福安康的生活，全体人民共同富裕基本实现，公平正义普遍彰显，社会充满活力而又规范有序”，“拥有高度的生态文明，天蓝、地绿、水清的优美生态环境成为普遍常态，开创人与自然和谐共生新境界”①。未来，在这样的现代化道路上，也一定能够将中国建设成为富强民主文明和谐美丽的社会主义现代化强国，实现中华民族伟大复兴的中国梦！

---

① 中共中央党校（国家行政学院）. 习近平新时代中国特色社会主义思想基本问题. 北京：人民出版社，中共中央党校出版社，2020：154-156.

图书在版编目（CIP）数据

中国式现代化/刘守英，范欣，刘瑞明著．-- 北京：中国人民大学出版社，2022.9

（中国式现代化研究丛书/张东刚，刘伟总主编）

ISBN 978-7-300-30904-0

Ⅰ.①中… Ⅱ.①刘… ②范… ③刘… Ⅲ.①现代化建设-研究-中国 Ⅳ.①D61

中国版本图书馆 CIP 数据核字（2022）第 139214 号

中国式现代化研究丛书

张东刚　刘　伟　总主编

中国式现代化

刘守英　范　欣　刘瑞明　著

Zhongguoshi Xiandaihua

出版发行	中国人民大学出版社		
社　　址	北京中关村大街 31 号	**邮政编码**	100080
电　　话	010－62511242（总编室）		010－62511770（质管部）
	010－82501766（邮购部）		010－62514148（门市部）
	010－62515195（发行公司）		010－62515275（盗版举报）
网　　址	http://www.crup.com.cn		
经　　销	新华书店		
印　　刷	涿州市星河印刷有限公司		
规　　格	165 mm×238 mm　16 开本	**版　　次**	2022 年 9 月第 1 版
印　　张	14.75 插页 2	**印　　次**	2023 年 10 月第 6 次印刷
字　　数	144 000	**定　　价**	48.00 元